KB178722

빌딩을 찾기 전
좋은 **공인중개사**부터 찾기를

빌딩을 사고팔려는 투자자들과
빌딩을 중개하려는 공인중개사를 위한 책

빌딩을 찾기 전
좋은 공인중개사
부터 찾기를

빌딩인 부동산 중개법인㈜ 대표 **공인중개사 김경락** 지음

25년 건축 경력의 명품 상권 분석가

부린이에서
1년 만에
중개법인
대표로

공인중개사를
가르치는
공인중개사

공인중개사의
슈퍼스타를
꿈꾸는
공인중개사

좋은땅

머리말

필자가 몇 년 전 처음 부동산 중개업을 시작했을 때 깜짝 놀랐습니다. **'한국의 부동산 중개업이 이렇게 낙후되어 있었나?'**

아직도 80년대, 90년대의 복덕방 아줌마, 아저씨의 중개 행태에서 별로 달라진 것이 없었던 것이었습니다.

대부분의 동네 공인중개사들은 광고를 내고 부동산 사무실에서 손님을 기다리다가 손님이 오면 물건지에 가서 문을 열어 주고 물이 잘 나오는지 확인해 주며 머릿속에서는 자신의 중개보수만 계산하고 무조건 계약만 종용하는, 그런 기계적인 중개들만 하고 있었습니다.

새로 배우는 것 없이 그저 본인의 업력만 자랑하고 있었습니다. '10년, 20년의 업력보다 공인중개사라면 지금의 부동산 시장과 정책, 바뀐 법령 등에 더 잘 알고 있어야 하는데'라는 생각을 많이 했습니다.

한편 강남의 대형 부동산 사무실은 대부분 피라미드 회사처럼 운영하고 있었습니다.

팀장이 되기 위해 몇 년 동안 적은 수수료를 받으며 최하위직부터 일해야 했고 대부분은 팀장이 되기 전에 이직을 하게 되는 시스템이었습니다. 심지어 대부분의 직원은 공인중개사가 아닌 중개보조원이었습니다.

지켜보니 공인중개사들이 가장 많이 걱정하는 것이 본인이 중개하는 물건을 다른 공인중개사가 가로채어 중개하는 것이었습니다.

전속 중개 제도가 있지만 그런 제도를 활용하기보다는 지인이라는 이유로, 혹은 그동안 월세 중개를 하며 건물 관리를 하였다는 이유로 무조건 본인이 중개를 해야 한다고 착각하며 혹여 다른 공인중개사가 중개하면 빼앗겼다고 생각하는 것이었습니다.

이런 상황이 벌어지는 이유는 본인의 역량이나 전문성이 아닌 우연히 얻어 걸리는 중개를 해 와서입니다.

고객의 입장에서 보면 공인중개사가 그저 도장만 찍어 주고 터무니없이 많은 중개보수를 받는 것으로 생각할 것입니다.

그래서 아직까지도 공인중개사의 사회적 위치가 낮을뿐더러 깡통 전세 사기 등의 부동산 관련 사건, 사고 시 여론의 뭇매만 맞는 직군으로 여겨지고 있습니다.

저는 이런 주먹구구식의 시스템에서 탈피하여, 전문가적 지식과 소양

빌딩을 찾기 전 좋은 공인중개사부터 찾기를

을 키워 공인중개사가 다른 전문 직업군처럼 전문가로서 대접을 받을 수 있도록 노력하고 있습니다.

개인적으로도 계속 공부하고 있으며 그것을 아낌없이 나누고 있습니다.

그 노력의 일환으로 이 책을 쓰게 되었습니다.

이 책은 크게 두 부류의 분들에게 권유합니다.

첫 번째는 빌딩을 팔려는 사람, 사려는 사람, 부동산 투자를 처음 하려는 초보 투자자들입니다.

부동산 책을 읽을 때 어려운 단어나 도표만 나와서 읽기 힘든 분들에게 특별히 권합니다.

이 책은 어려운 전문 용어도 없고 보기 힘든 그래프도 없습니다. 페이지 수만 채우는 사진도 가급적 안 넣었습니다.

두 번째는 공인중개사 자격증을 따려는 사람, 자격증이 있어도 감히 개업을 하지 못하는 사람, 개업을 하여 경력이 10년이 넘었어도 빌딩 매매 중개를 어떻게 해야 할지 모르는 사람들에게 권합니다.

처음에는 별도 섹션을 나눠서 편집하려고 했으나 중복되는 내용들이 있어 통합하여 편집하였습니다.

오히려 더 나은 듯합니다. 매도자, 매수자, 공인중개사가 각자의 상황을 잘 인식해야 더 좋은 결과가 나올 것입니다.

편안히 읽으면서 따라오면 부동산 투자를 어떻게 해야 할지 쉽게 알 수 있게 구성하였고 공인중개사분들은 빌딩 매매 중개를 어떻게 해야 할지 쉽게 알 수 있는 지침서가 되도록 만들었습니다.

되도록이면 글을 장황하게 쓰려 하지 않았고 요점만 간략하게 적으려 노력했습니다. 바쁘시면 굵은 글자만 읽어도 많은 도움이 될 것입니다.

이 책을 쓰기 위해 그동안 출간되었던 부동산 투자 책을 많이 읽었습니다.

책을 읽으며 새삼 느끼는 것이 있습니다. 그동안 그렇게 많은 부동산 투자에 관한 책 중 공인중개사의 중요성에 관해 쓰인 책은 거의 없다는 것을 알았습니다.

'왜 그럴까? 대부분의 부동산 투자자들은 빌딩을 팔기 위해, 사기 위해 공인중개사부터 만나고 계약도 공인중개사가 하는데 왜 공인중개사에 대한 책이 없을까?'

이유는 부동산 투자 시 공인중개사의 도움이 크지 않았거나 공인중개사가 전문가로서 대접을 못 받았기 때문입니다.

저는 부동산 투자 시 공인중개사의 역할이 매우 크다고 생각합니다. 이 책에서 그런 내용을 적었습니다.

부동산 투자자들은 공인중개사의 서비스를 어떻게 잘 이용할 수 있는지 이 책을 통해서 알 수 있을 것입니다.

공인중개사들은 매매 중개 시 고객 응대부터 매매 중개의 마무리까지 모두 배울 수 있을 것입니다.

모쪼록 이 책을 읽는 모든 분들에게 많은 도움이 되기를 바랍니다.

CONTENT

1. 빌딩은 언제 팔까?

빌딩을 언제 팔까요?

빌딩을 소유하고 있다가 어느 날 갑자기,
'이제 팔아야겠다.'

이렇게 생각하는 이는 거의 없을 것입니다. 대개는 특별한 개인사나 가정사가 있어서 건물을 팔게 됩니다.

그래서 저는 절대 먼저 매도자에게 왜 파는지 묻지 않고 매수자가 물어보더라도 정확한 답을 하지 않습니다.

매수자 상담 시 빌딩을 파는 이유를 설명할 때는 자세한 매도자의 사정보다는 전반적인 내용으로 이해하기 쉽게 이야기합니다.

"부동산을 파는 이유는 크게 세 가지입니다.
죽거나 이혼했거나 부도 났을 때입니다."

이렇게 이야기하면 빨리 이해합니다.

빌딩을 찾기 전 좋은 공인중개사부터 찾기를

매도자에게 파는 이유를 물어보게 되면 그 집안의 특별한 사정들이 모두 나와야 하기 때문에 일부러 묻지 않고, 알고 있더라도 다른 이에게 말하지 않는 것이 공인중개사가 가져야 할 기본적인 소양입니다.

급하게 파시는 매도자의 대부분은 상속을 받았을 때입니다.

빨리 팔아서 상속세를 내야 하고 형제들과 매도 대금을 나눠야 하기 때문입니다. 그래서 저는 이런 말을 자주 합니다.

"아버지 돌아가시면 아들은 팝니다."

특히 주택일 경우는 더욱 그렇습니다. 자식들은 그 집에 살고 싶은 마음은 전혀 없기에 빨리 팔아서 현금화하기를 원합니다.

또 한 집에서 3~40년을 사신 나이 드신 분들은 집을 팔고 자식들이 사는 지역이나 대학 병원이 있는 곳의, 엘리베이터가 있는 집으로 이사하고 싶어 합니다.

70대가 넘으면 무릎이 아파서 2층 계단도 올라가기 힘들어집니다. 그리고 주택은 특성상 계속 손봐야 할 곳이 생깁니다. 경제적으로나 체력적으로 버거운 일입니다.

뒤에서 자세히 설명하겠지만 이렇게 주택을 급하게 팔고 싶어하는 분들을 2023년 현재 대한민국 정부에서 못 사고 못 팔게 막고 있습니다.

많은 매수자들이 저에게 부탁합니다.

"대표님, 초급매 물건이 나오면 저에게만 알려 주세요."

매우 곤란한 부탁입니다.

그렇게 급한 매도 물건은 누군가의 급박한 사정으로 나온 것일 테고, 그런 물건은 특정한 사람에게만 알릴 것이 아니라 많은 사람에게 널리 알려서 빨리 매매가 되도록 만드는 것이 공인중개사가 해야 할 일이기 때문입니다.

그래서 저는 매도자에게 특정 부동산 회사만 매도 물건을 꽁꽁 숨겨 두는 전속계약이나 비공개로 하기보다는 광고를 하도록 유도하는 편입니다.

시장에 금방 나왔다고 무조건 계약하는 우를 범하지 말고 이 책을 잘 읽고 오래전에 나온 물건이라도 본인에게 맞는 물건을 찾아서 계약하기 바랍니다.

임장 시 매수자가 이런 말을 할 때도 있습니다.

"대표님, 저기 보이는 저런 건물이 딱 제가 찾는 물건이에요. 저 물건이 시장에 나오면 바로 연락 주세요."

그럴 때 저는 그쪽을 보지도 않고 말합니다.

"시장에 안 나온 물건은 포토샵으로 싹 지우듯이 머릿속에서 지우세요. 아무 의미 없습니다.

저곳의 소유자는 이미 저 부동산으로 사용 수익 잘하고 있고 굳이 팔아야 할 이유도 없는데 팔라고 하는 것은 저곳에서 잘 살고 있는 소유자에게 안 좋은 저주를 보내는 것이나 마찬가지입니다." 이렇게 이야기해 줍니다.

그래서 매수자 입장에서는 팔겠다고 시장에 나온 물건 하나하나가 소중한 것입니다.

시장에 안 나온 물건은 쳐다보지도 말고 시장에 나온 물건만 검토하여 나에게 맞는 물건을 찾아 좋은 건물주가 되기 바랍니다.

2. 빌딩은 언제 사야 할까?

빌딩을 언제 사야 할까요? 세 가지 조건이 이뤄졌을 때 사야 합니다.

첫 번째는 파는 물건이 세상에 나왔을 때입니다.

필지별로 구획된 지도를 보면 수많은 각각의 필지를 볼 수 있습니다. 그러나 그중에 앞에 이야기한 매도자의 특별한 사정으로 팔겠다고 시장에 나온 물건들은 얼마 안 됩니다.

바로 그렇게 매도 의지가 있는 물건만이 매수자에게 의미 있는 것이고 그렇게 시장에 나온 순간부터 부동산 투자가 시작되는 것입니다.

두 번째는 현재 가지고 있는 가용 금액입니다.

"제가 매도 중인 건물이 있는데 6개월 후면 잔금을 받을 것 같습니다. 그래서 미리 알아보고 있습니다."

이렇게 얘기하시는 분도 있는데 잘못된 생각입니다. 부동산은, 특히 빌딩 물건은 미리 알아볼 이유가 전혀 없습니다.

빌딩을 찾기 전 좋은 공인중개사부터 찾기를

부동산 물건은 생물이기에 오늘 생겼다가 내일 없어지기도 하고 내일 갑자기 새로운 물건이 생기기도 합니다.

3개월 전, 6개월 전의 임장 활동은 전혀 의미 없는 행동입니다. 물론 상권 분석이나 투자 공부를 위한 임장은 괜찮지만 너무 미리 많은 물건을 보다 보면 정보의 과부하로 오히려 좋은 물건을 판단하는 기준을 놓칠 수도 있습니다.

본인의 가용 금액이 본인의 통장에 들어왔을 때부터 물건을 찾아도 늦지 않습니다. 부동산 투자를 너무 조급하게 생각하지 말기 바랍니다.

누구에게나 좋은 물건은 없습니다.
본인에게만 맞는 좋은 물건은 있습니다.

미리 부동산 매매 사이트를 너무 자주 들어가서 확인하시면 마치 오래 전에 나온 물건은 투자 가치가 없는 것으로 착각하게 됩니다.

시장에 나온 물건은 하나하나 가치가 있는 물건이므로 가용 금액이 생겼을 때부터 꼼꼼하게 따져 보시기 바랍니다.

마지막으로 제대로 된 공인중개사를 찾는 일입니다.

어쩌면 제일 중요한 일이고 이 책을 쓰게 된 동기이기도 합니다.

지금까지 공인중개사는 어쩌다 그 물건을 가지고 있어서 내 마음에 들면 계약서에 도장만 찍어 주고 많은 중개보수를 받는 그런 존재로 인식되어 왔습니다. 사실 아직도 그런 공인중개사가 많이 있습니다.

진정한 공인중개사라면 그 물건에 대해 철저히 연구하고 물건지의 상권에 대해 정확히 분석한 후 무조건 계약만 하기 위해 노력하는 것이 아니라, 매수자의 요구에 딱 맞는 물건을 찾아 주어야 합니다.

그리고 그 물건이 제대로 등기 이전되고 사후에 어떻게 관리해야 할지도 도와주는 전문가로서의 역할도 해야 합니다.

따라서 공인중개사가 빌딩 매매 중개를 할 때 해야 할 일이 한두 가지가 아닙니다.

먼저 매도 상담을 해야 합니다.
주택일 경우와 근린 상가일 경우에 따라 다른 조언을 해 주어야 하고, 상속을 받은 물건일 때 해결 방법도 알려 줘야 합니다.

그리고 그 지역 상권 분석을 미리 해 놓아야 하고, 탁상 감정가가 얼마나 나오는지 확인하여 매수자의 사업자 대출 금액도 어느 정도 파악하고 있어야 합니다.

주택의 계약 후 용도변경의 개념도 확실하게 숙지하고 있어야 하며, 양도세, 취득세 부과일과 대략의 세금 부과액을 파악하고 있어야 매도자, 매수자가 곤란에 빠지지 않게 됩니다.

매수자에게는 개발을 할 것인지, 임차인을 그대로 승계 받을 것인지도 확인하여 포괄 양도양수 계약으로 진행할 것인지, 일반 매매계약으로 진행할 것인지, 어느 방법이 매도자, 매수자에게 유리한 것인지 정확히 설명해야 합니다.

개발을 하려는 매수자라면, 일조권, 용적률 등을 잘 설명하고 그 규모에 맞는 건축사를 소개하여 대략의 설계를 볼 수 있게 하여야 합니다.

등기 이전도 중요한 절차입니다.
미리 법무사를 섭외하여 등기 이전이 잘되도록 사전 검토하여야 하며 필요한 서류 등을 미리 준비할 수 있도록 해야 합니다.

매수 후 공실이 안 나도록 임차 문제도 해결해 주어야 합니다.

잠깐만 생각해도 공인중개사가 해야 할 일이 많습니다. 이런 일은 당연히 잘해야 하지만 순간순간 판단을 잘해야 합니다. **한 번의 잘못된 판단이 누군가의 전 재산을 날릴 수도 있기 때문입니다.**

그리고 빌딩 매매 중개는 공인중개사 혼자만의 작업으로 이뤄지지 않습니다.

협업 업체가 많이 필요합니다.

감정평가사, 은행 대출 담당자, 세무사, 법무사, 건축사 등입니다. 이런 협력 업체를 잘 갖추고 있고 판단력과 통찰력이 좋은 공인중개사를 찾기 바랍니다.

부동산 물건을 찾다 보면 수많은 공인중개사들을 만나게 될 것입니다. 먼저 명함에 공인중개사라고 적혀 있지 않고 팀장, 실장, 이사 등만 적혀 있으면 한 번 더 생각하시기 바랍니다. 공인중개사가 아닌 중개보조원입니다.

어렵게 획득한 공인중개사라는 명칭을 본인의 명함에 기재하지 않을 사람은 없습니다.

본인의 전 재산을 공인중개사도 아닌 몇 시간 인터넷 교육을 받은 것이 다인 중개보조원에게 맡길 수는 없는 것입니다.

이 글을 읽고 현재 중개보조원으로 일하고 있는 분들은 불편할 수 있을 겁니다.

본인의 꿈이 부동산 중개업이라면 반드시 공인중개사 공부를 하시고 자격증을 따시기 바랍니다. 그래서 당당하게 전문가로서 일하시기 바랍니다.

여러분의 꿈을 이루기 위한 첫 발걸음입니다. 먼저 자격증을 딴 선배의 진정 어린 충고로 받아들였으면 좋겠습니다. 이 이야기는 후에 더 자세히 이야기하겠습니다.

그러면 어떻게 좋은 공인중개사를 찾을 수 있을까요?

요즘은 인터넷에 거의 모든 정보가 나오니 공인중개사의 검색은 필수로 해 보시기 바랍니다.

사무실의 홈페이지도 확인해 보고 공인중개사의 이력도 확인해 보길 바랍니다. 유튜브도 하는지 확인해 보고, 만약 한다면 유튜브를 보면서 그 공인중개사의 역량을 가늠해 보길 바랍니다.

이 책을 다 읽으면 매도자, 매수자는 그런 전문적인 공인중개사를 찾을 수 있는 능력이 생길 것이고, 공인중개사는 진정한 전문가로서의 공인중개사가 되는 데 도움이 될 것입니다.

3. 공인중개사는 도슨트다

개인적으로 미술관 가는 것을 좋아해서 자주 방문합니다.

그냥 혼자 미술품 관람을 하기도 하지만 가급적 도슨트 설명을 들으며 감상을 합니다.

자주 도슨트의 설명을 들으니 이제는 개인적으로 좋아하는 도슨트도 생겨서 그분이 설명하는 시간에 맞춰서 미술관을 방문하기도 합니다.

미술관에서 도슨트의 역할은 상당히 큽니다.

설명 없이 고흐, 모네, 클림트의 그림을 보면 '잘 그렸네.' 이 정도로 지나가면서 볼 그림도 그 화가의 생애나 그 그림을 그렸을 때의 역사적 배경, 화가의 가족사나 사랑 이야기와 같이 보면 전혀 다른 감동으로 다가옵니다.

'공인중개사는 부동산의 도슨트다.'

똑같은 물건도 누가 설명하느냐, 어떻게 설명하느냐에 따라 전혀 다른 물건으로 보입니다.

그리고 그냥 물건만 보여 주고 끝나는 것이 아니고, 그 빌딩이 건축될 때부터 현재의 상황, 그리고 앞으로 상권 변화에 따른 그 물건의 예상 가치 등을 같이 설명해 주어야 합니다.

그래서 매수자 한 명, 한 명에게 딱 맞는 정확한 물건을 소개해 주어야 합니다.

대부분의 공인중개사들이 지금 하듯이 매수자가 원하는 금액의 모든 물건을 모두 보여 주며 '마음에 드는 것 고르세요.' 식의 중개는 곤란합니다.

그러기 위해서는 공인중개사는 본인의 업력만을 자랑할 것이 아니고 새로운 상권 분석 방법, 새로 나온 부동산 판례, 앞으로 변하게 될 정부의 부동산 정책, 그 지역의 공법, 기본 계획 등을 계속 공부하여야 합니다.

도슨트도 하나의 전시를 맡기 위해서는 관련 서적을 모두 읽어 보고 특정 화가의 모든 일화를 조사하고 그림 하나하나의 스토리텔링을 만든 후 관람객에게 자신 있게 설명합니다.

공인중개사도 도슨트만큼 계속 공부하여 자신 있게 고객을 만나서 설명할 수 있어야 합니다.

공인중개사의 한 마디가 누군가의 전 재산을 크게 키울 수도 있고 혹은 완전히 없앨 수도 있습니다. 그만큼 책임이 큰 전문가이기 때문에 스스로

더욱 노력하여야 합니다.

언젠가 임장을 하며 어느 물건에 대해 설명하고 있었는데 매수자가 저에게 이렇게 이야기했습니다.

"대표님, 저 이 물건 다른 공인중개사가 알려 줘서 이미 봤던 물건이에요. 그때는 그냥 지나치며 보던 물건인데 대표님이 왜 이렇게 개발되었는지 알려 주시니 달리 보이네요. 다시 한번 제대로 검토해 봐야겠어요."

이것이 부동산 도슨트의 역할입니다.
평범한 물건도 특별한 물건으로 보이게 정리해 주는 역할을 공인중개사는 해야 할 것입니다.

도슨트도 전문 분야가 있습니다.

누구는 르네상스 미술의 전문가이고, 누구는 뭉크의 삶을 깊게 연구한 전문가이기도 합니다.

이처럼 공인중개사도 각자의 전문 분야를 특화하는 것도 필요합니다.
저는 저 자신을 25년 건축 경력의 명품 상권 분석가로 알리고 있습니다.

토지 전문, 성수동 전문, 재개발 전문 등 본인만의 전문 분야를 만들어 그쪽으로 계속 공부하여 그 분야의 최고가 되시기 바랍니다.

빌딩을 찾기 전 좋은 공인중개사부터 찾기를

그렇게 된다면 매도자, 매수자도 그 분야의 전문가를 먼저 찾게 되고 훨씬 빨리 그리고 양질의 서비스를 받게 될 것입니다.

그렇게 될 때 우연히 얻어 걸리는 중개도 사라질 것이고 공인중개사는 국민들에게 더욱 신뢰받는 직종이 될 것입니다.

"홍대, 연남동, 연희동의 빌딩을 알아보려면 먼저 빌딩인의 김경락 대표를 만나야 한다."

이런 이야기를 당연히 들을 때까지 열심히 노력하겠습니다.

4. 공원의 힘

그림 1. 김경락, 연남동 전경, 2021.12

　몇 년 전 처음 중개업을 시작하고 언젠가 부동산 책을 쓰겠다고 다짐하고 브런치에 작가 등록을 해서 제일 먼저 쓴 글이 '공원의 힘'이었습니다. 경의선 숲길 공원, 소위 연트럴 파크에 대한 글이었습니다.

　연트럴 파크가 생기기 전 저는 건너편 산울림 소극장 근처에서 오아시스 게스트 하우스를 운영하고 있었습니다. 그 당시에는 연남동에 거의 가지 않았습니다. 갈 이유가 없기 때문이었습니다.

빌딩을 찾기 전 좋은 공인중개사부터 찾기를

그때 연남동에는 기사식당이 몇 개 있었고 대부분은 그냥 한적한 주택가였습니다. 유명한 만두집이 있어서 가끔 만두를 먹으러 갔던 기억밖에 없었습니다.

그렇게 한적했던 동네였던 연남동에 큰 공사가 시작됩니다.

경의선 숲길 공원이 조성되기 전 공사 차단막이 양쪽으로 쳐 있었고 몇 년 동안 그 동네를 돌아다니며 이제 곧 멋진 공원이 생긴다는 얘기만 무성했습니다.

이때는 아무도 연남동을 부동산 투자처로 생각하지 못했습니다.

공사가 모두 끝나고 차단막이 걷히고 공원이 눈앞에 보이자 전국에서 부동산 투자를 하러 몰려오기 시작했습니다.

그야말로 광풍이었습니다.

30년 된 구옥을 매도하겠다고만 하면 매수자가 몇십 명씩 달려들었고 순식간에 평당 1억까지 치솟아서 오히려 매도자가 어리둥절하였습니다.

그저 살려고 여기에 이사 왔고 30여 년을 잘 살았는데 갑자기 집값이 3~40억이 된 것입니다. 강남의 유명한 아파트도 아닌데 말입니다.

이런 횡재가 어디 있을까요?

개인적으로 홍대에 20년 이상을 살았고 현재도 홍대에 살고 있어 연트럴 파크가 언제 생기고, 그로 인해 연남동이 어떻게 바뀌었는지를 모두 지켜봐 왔습니다.

불과 몇 년 전만 해도 연남동은 서교동이나 동교동만큼 발전이 안 되어 서울시는 2010년에 그 당시 낙후된 5개 동을 휴먼타운이라는 지구단위계획을 통해 지역 정비를 도모하였을 정도입니다.

후에 이 휴먼타운이 연남동의 발전을 저해하는 규제로 변질되었고 다행히 2022년 지구단위계획이 해제되었습니다.

그렇게 서울시에서 지구단위계획으로라도 활성화시키려던 연남동이 연트럴 파크 하나로 갑자기 전 세계인이 찾는 동네가 되었습니다.

처음 중개업을 시작한 몇 년 전 연남동 땅값은 평당 2~3,000만 원이었고 그게 몇 달 새 5천, 6천, 7천, 곧 1억이 넘었고 이젠 2억을 넘는 땅도 등장하였으며 앞으로 더 오를 것입니다.

이유가 뭘까요? 경의선 숲길 공원 하나 때문에? 동네마다 공원은 모두 하나씩 있습니다. 단지 그 공원 하나 때문에 땅값이 이렇게 올랐을까요?

경의선 숲길 공원은 다른 공원과 다른 두 가지가 있습니다.

빌딩을 찾기 전 좋은 공인중개사부터 찾기를

첫 번째는 가로 공원이라는 것입니다.

공원은 어디에나 있습니다. 서울숲 같은 큰 규모의 공원도 있습니다. 그런 공원과 연트럴 파크와 다른 점이 뭘까요?

대부분의 공원은 닫힌 공원입니다.
구획이 정해져 있어 들어가면 오직 공원만 보아야 합니다.
연트럴 파크는 다릅니다.
공원과 상점 거리의 경계가 모호합니다.
그래서 공원을 걸으며 쇼핑을 할 수 있고 카페에 앉아 공원을 거니는 사람들을 구경할 수 있는 것입니다.

얼마 전 서울시가 주최하는 서울시 공원 개발 설명회를 다녀왔는데 앞으로 서울의 공원 설계 시 연트럴 파크처럼 상점가와 같이 걸을 수 있는 공원을 많이 개발한다는 이야기를 들었습니다. 아주 좋은 개발 방향입니다.

연트럴 파크는 기존의 기찻길을 지하로 보내고 지상은 공원을 만들었기 때문에 필연적으로 길을 따라 걷기 좋은 공원이 되었습니다.

더군다나 원래 기찻길이 있던 곳 양쪽의 작은 필지들의 주택들이 상가로 개발되어 예쁜 상가들이 자리 잡게 되었습니다.

그래서 청춘들이 공원만 걸어도 행복해지는 길이 된 것입니다.

두 번째는 홍대역 3번 출구입니다.

2호선은 모두가 알다시피 젊은이들이 가장 많이 애용하는 노선입니다. 홍대역은 물론이고 신촌역, 이대역, 건대역 등 많은 대학을 경유하고 홍대역은 수십 년째 청춘들이 가장 많이 모이는 동네로 자리 잡고 있습니다.

더구나 경의선도 홍대역에 정차하고 인천공항에서 오는 공항철도도 홍대역에 정차하여 외국인들의 유입도 상당합니다.

홍대에서 게스트 하우스를 8년 동안 운영하였기에 공원이 생기기 전에는 저녁 먹고 느긋하게 연남동에 가끔 산책을 다녔습니다.

그때는 기찻길 옆이 모두 주택이었고 할머니들이 골목에 평상을 놔두고 수박을 나눠 먹으며 수다 떨던 그런 조용한 동네였습니다.

그런 곳이 2012년부터 그 주택에서 게스트 하우스를 하려는 젊은이들이 전국에서 몰려와서 주택 소유자들은 본인 살던 집을 임대로 돌리고 몇백만 원씩 월세 수입을 얻었습니다.

물론 이제는 모두 근린 상가로 바뀌었고 땅값은 폭등하여 평당 1억은 이미 모두 넘었고 매도 물건 자체가 안 나오는 실정입니다.

빌딩을 찾기 전 좋은 공인중개사부터 찾기를

가끔 저에게 매수자가 묻습니다.

"대표님, 명동 상권이나 이대 상권, 경리단 상권처럼 연남동도 언젠가는 죽지 않을까요?"

저의 대답은 "아니요"입니다.

왜냐하면 연남동 상권은 공원 때문에 만들어진 상권이기 때문입이다.

'공원은 영원하다.'

저는 건축 일을 하던 때 건축 설계 회사 뉴욕 지점에서 1년을 거주하며 일했습니다.

알다시피 뉴욕의 맨하튼 한가운데 커다란 센트럴 파크가 있습니다. 센트럴 파크가 창밖으로 조금만 보이는 아파트라면 무조건 100억이 넘어갑니다. 이젠 1,000억 이상의 아파트도 많이 나온다고 합니다.

전 세계인들이 그곳에 살고 싶어 하기 때문입니다.

미국 정부가 센트럴 파크를 사업지로 개발할까요? 말도 안 되는 상상입니다. 마찬가지로 대한민국 정부가 경의선 숲길 공원을 민간 업체에 팔까요? 이것도 말이 안 됩니다.

연트럴 파크에 유모차를 끌고 나오는 가족을 상상해 보세요. 그 유모차에 탄 아이가 자라서 다시 엄마가 되어 유모차를 끌고 나올 때도 연트럴파크는 그 자리에 있을 겁니다.

이게 바로 공원의 힘입니다.
공원은 몇백 년, 몇천 년이 지나도 그 자리에 영원히 있습니다.

공원이 없어지지 않고, 홍대역이 이전하지 않는 한은 연남동 상권은 영원합니다.

연남동 상권이 다른 상권과 다르게 계속 발전할 이유가 또 하나 있습니다.

'연남동 상권은 착한 상권이다.'

이것에 대해서는 어느 누구도 얘기하지 못했고 알아차리지도 못했습니다.
저는 홍대, 연남동에서 누구보다도 오랫동안 열심히 놀았기에 알 수 있었습니다.

딸이 홍대나 이태원에서 놀고 온다고 하면 엄마들은 불안해합니다. 시간마다 사진 찍어서 카톡으로 보내라고 합니다. 하지만 연남동에서 놀고 온다고 하면 어느 정도 안심합니다.

빌딩을 찾기 전 좋은 공인중개사부터 찾기를

연남동은 착한 상권이기 때문입니다. 연남동의 주 업종은 카페, 베이커리 카페, 작은 식당 정도입니다. 맞은편 홍대 상권처럼 클럽이나 헌팅 포차가 없습니다.

왜 이렇게 되었는지 아시나요?
이유는 두 가지입니다.

첫 번째는 연남동의 필지가 작기 때문입니다.
애초부터 무허가를 필지로 만들다 보니 30평, 40평의 필지에 작은 주택들만 있던 동네였습니다. 그런 주택을 근린 상가로 바꾸다 보니 실내 평수가 커도 20평, 30평입니다. 이 정도로는 클럽을 만들 수 없습니다.

그래서 이곳은 홍대 상권과 다르게 젠트리피케이션이 없습니다. 그 흔한 스타벅스도 없습니다. 버거킹도 없습니다. 대기업 프렌차이즈가 들어올 만한 자리가 없습니다. 그래서 계속 작은 카페들만 생기는 것입니다.

두 번째 이유는 10여 년 동안 제1종 지구단위계획으로 묶여 있어 술을 팔 수 없었기 때문입니다.

물론 이 규제는 지금은 어느 정도 완화되었지만 아직도 이 영향권 아래에 있습니다.
그래서 임차인들은 카페나 작은 식당밖에 운영을 못 하였고 이 점이 아이러니하게도 연남동 상권을 착한 상권으로 만들었던 것입니다.

공원의 힘과 착한 상권이 연남동 상권을 영원하게 만든 원동력이 되었습니다.

5. 경의선은 두 갈래다

연남동은 예전에는 연희동의 일부였으며 마포구와 서대문구로 나뉘며 연희동의 남쪽에 위치하여 연남동으로 이름 지어졌습니다.

동네에 기찻길이 두 줄이나 지나는 동네였기에 주거지로서도 그렇게 매력적인 곳이 아니었습니다.

가좌역 쪽으로는 지금은 구획 정리되어 필지가 부여되었지만 작은 판자집이 즐비했고 집 앞에 텃밭을 만들어 야채를 키우는 집이 많았습니다. 불과 몇 년 전이었습니다. 지금은 그곳도 근린 상가로 개발되는 중입니다.

현재 연남동에서 가장 핫한 미로길을 아시나요?

미로길의 많은 상가들이 불과 몇 년 만에 급격하게 만들어졌고 그 전에는 단층 기와집만 있었던 한적한 주택가였단 사실이 믿어지십니까? 엄청난 변화입니다.

미로길인 상점가에 들어가면 가뜩이나 좁은 길이 그마저도 여기저기 막다른 길로 막혀 있습니다. 저도 그쪽으로 들어가면 항상 길을 잃습니다.

임차인들은 오히려 좋아합니다. 고객들이 미로길에 들어오면 나가는 길을 못 찾아 계속 빙빙 돌기 때문입니다.

왜 이렇게 필지가 서울 한복판에 이렇게 나눠졌는지 아시나요? 생각해 본 적 있습니까?

저는 지도를 보자마자 바로 알 수 있었습니다. 25년 건축 경력의 힘입니다.

이곳은 원래 무허가 판자집촌으로 계획 없이 난개발되던 곳이었을 겁니다. 그러다가 필지 계획이 되다 보니 원래 살고 있던 원주민의 재산권을 보호해 주기 위해 이런 말도 안 되는 필지가 탄생한 것입니다.

사실 지자체 입장에서 보면 큰일 날 상황입니다.

불이라도 난다고 생각해 보십시오. 소방차 진입 자체가 안 됩니다. 그래서 지자체는 아무리 좁은 골목도 최소한의 너비인 4m를 확보하려고 애쓰고 있습니다. 그런데 연남동 미로길은 이리저리 계속 막다른 길이 나오는 좁은 골목만 있습니다.

빌딩을 찾기 전 좋은 공인중개사부터 찾기를

저는 개인적으로 연남동의 소방 계획을 다시 확립하여야 한다고 생각합니다. 소방차 진입이 힘든 미로길부터 비상시에 어디로 나가야 할지 커다란 LED 표시판을 세워야 하고 골목골목마다 소화전을 두어야 합니다.

가로수를 제외하면 걸을 수 있는 인도의 폭이 50cm밖에 안 되는 곳도 많습니다. 이태원 사태 같은 일이 벌어질 수도 있습니다. 새로 정비하여야 합니다. 제 생각은 도로변 주차장을 없애고 인도를 넓혀 재정비하였으면 합니다.

그 전에는 이렇게 유동인구가 많지 않기에 괜찮았지만 지금은 유동인구가 늘어났으니 서울시와 마포구청은 속히 이곳의 소방 대책과 도로 정비 계획을 세워야 할 것입니다.

제 꿈이 서울시 도시계획위원이 되는 것이고 만약 된다면 이 문제를 적극 해결하겠습니다.

저는 이렇게 지도로 상권 분석이나 개발 계획을 파악하기를 좋아합니다.

연남동 지도를 가만히 보며 분석을 하다 보니,
어라! 경의선은 두 갈래로 갈라집니다.

가좌역에서 갈라져서 한 라인은 공덕역을 지나 용산역으로 뻗어 나가고 한 라인은 신촌역을 거쳐 서울역까지 갑니다.

가좌역부터 공덕역까지는 이미 지하화되어서 공원으로 조성되었고 다른 갈래인 가좌역부터 신촌역까지는 지상철이지만 신촌역부터 서울역까지는 이미 지하화되어 있습니다.

전 바로 지도만 보고 파악했습니다.

서울시는 가좌역부터 신촌역까지 무조건 지하화할 것이라고.

그래서 그쪽 기찻길 옆 필지를 노려 보라고 매수자들에게 지난 몇 년간 계속 얘기하였습니다.

역시 제 예상이 맞았습니다.
오세훈 서울시장이 2022년 3월 3일 2040 서울시 기본계획에서 수색역부터 신촌역까지 지하화하여 지상은 공원을 만든다고 발표하였습니다.

윤석열 대통령의 선거 공약 중의 하나도 수도권 기찻길의 지하화였습니다.

생각해 보면 정치인에게 이것만큼 본인의 치적을 과시할 수 있는 정책이 없을 것입니다.

빌딩을 찾기 전 좋은 공인중개사부터 찾기를

철도 부지는 어차피 국가 재산이니 사적 토지 보상 문제는 없고 정부 기관끼리 정리만 하면 됩니다.

지상을 공원으로 개발하든지, 주거 단지로 개발하든지 국민 누구에게나 환영받을 정책이니 정치인이라면 탐을 낼 만한 정책일 수밖에 없습니다.

혹시 이런 생각을 하는 분도 있을 겁니다.
'경의선 라인, 특히 수색에서 서울역으로 가는 라인은 기차도 거의 안 다니는데 아예 이참에 없애 버리면 안 될까?'

안 됩니다.
왜냐하면 수색역에 기지창이라고 기차를 정비하는 곳이 있고 서울역까지 온 기차들을 그쪽까지 끌고 가서 정비해야 하기 때문입니다.

경의선을 절대 없앨 수 없는 또 다른 이유는 만약 남북이 통일되면 개성까지, 평양까지 바로 이을 수 있는 유일한 철도이기 때문입니다.

모든 도시개발은 선계획 후개발입니다.
어떠한 개발도 계획 없이 발표 없이 이뤄지지 않습니다.

호재만 열심히 찾는 초보 투자자들은 서울시 기본계획만 찾아서 읽어 보면 이미 호재는 모두 공표된 상태로 쉽게 확인할 수 있습니다.

그러나 인간은 눈에 안 보이면 안 움직이는 존재입니다.

아무리 호재가 있고 정부에서 발표를 했어도 당장 눈앞에 공원이 만들 어져 보여야 움직입니다. 경의선 숲길 공원이 조성 전에는 아무도 거들떠 보지 않은 것처럼.

일례로 지금의 연트럴 파크가 조성된다고 서울시에서 발표했던 10년 전에 그 발표만 믿고 기찻길 바로 옆의 100평짜리 주택을 평당 1,000만 원, 그러니까 10억에 사신 분이 있습니다. 그분이 그 주택을 사려고 했을 때 모든 가족이 뜯어말렸다고 합니다.

"그런 하루 종일 기찻길 때문에 볕도 안 드는 집을 사는 게 아니다. 시끄 럽고 땅도 울릴 텐데 심지어 시가보다 왜 비싸게 사려고 하느냐?"

이러면서 말렸다고 합니다.

그때 연남동 땅값은 평당 700만 원 정도 했다고 합니다. 매수자는 현재 의 기찻길을 본 게 아니고 10년 후 이곳이 모두 개발되어 멋진 공원이 형 성되는 것을 상상하고 산 것입니다.

그분은 그 땅을 9년 가지고 있다가 100억에 팔고 나갔습니다.
이런 것이 진정한 부동산 투자입니다. 누구나 볼 수 있는 상권은 이미 의미가 없습니다.

빌딩을 찾기 전 좋은 공인중개사부터 찾기를

상권이 어디로 뻗어 나갈지, 정부 발표 후 그곳은 어떻게 변할지 상상하여 투자하는 것이 초대박의 지름길입니다.

공인중개사의 진정한 역할이 이때 발휘됩니다.

이미 다 완성된 상권을 보여 주며 중개하는 것은 아무 의미 없습니다.
이미 매매가에 개발 이익이 모두 들어가 있기 때문입니다.

완성되지 않은 곳, 상권이 형성되지 않은 곳, 그러나 이미 개발 발표는 난 곳, 이런 곳이 개발된 것을 상상하게끔 만드는 역할을 하는 것이 바로 공인중개사가 할 일입니다.

6. 연트럴 파크와 책거리 공원의 차이

홍대역 3번 출구와 4번 출구를 보면 아주 재미있는 사실을 볼 수 있습니다.

홍대역 3번 출구에서 나와서 연트럴 파크로 가는 사람들이 하루에 10,000명이라면, 4번 출구를 나와 책거리 공원으로 가는 사람들은 100명도 안 됩니다.

왜 이런 차이가 생겼을까요? 전 이 물음에 대한 답도 금방 찾을 수 있었습니다.

바로 4번 출구 앞에 있는 AK 플라자 때문입니다.

인간은 직관적으로 움직입니다.

그런 점에서는 개미와 다를 것이 없습니다. 개미는 굴을 팔 때 앞에 바위가 나오면 그 바위를 굳이 뚫으려 하지 않습니다. 그냥 돌아갑니다. 인간도 마찬가지입니다.

빌딩을 찾기 전 좋은 공인중개사부터 찾기를

3번 출구에서 보이는 전망은 누가 봐도 멋집니다.

공원 끝까지 시야가 펼쳐져 있고 많은 사람들이 행복한 얼굴로 걸어갑니다. 공원 양옆으로는 너무나 예쁜 카페와 상점이 즐비합니다. 자기도 모르게 인파들과 같이 이끌려 가게 됩니다.

반면 4번 출구로 나왔다고 생각해 보십시오.

나오자마자 큰 건물인 AK 플라자로 막혀 있습니다.

물론 그 건물을 지나면 바로 책거리 공원을 만날 수 있고 공덕역까지 이어집니다. 심지어 책거리 공원은 연트럴 파크보다 볼거리가 더 많습니다.

출판사 부스도 있고 멋진 조각품도 많이 있고 무대도 형성되어 있습니다. 그러나 사람들이 AK 플라자를 넘어가지 않습니다.

이유는 안 보여서입니다.

처음엔 양쪽 공원의 평 단가가 같이 상승했습니다. 하지만 현재 책거리 공원 쪽 평 단가는 답보 상태입니다.

책거리 공원은 동네 공원으로의 역할은 충분히 잘하고 있습니다. 동네 지역 주민들은 잘 이용하고 있으며 특히 강아지와의 산책길로 아주 좋습니다.

하지만 연트럴 파크처럼 세계적인 공원으로 계속 발전해 나가지는 못할 것입니다. 저는 그 이유를 금방 알아냈습니다.

처음 공원을 계획할 때 정부는 4번 출구 부근의 일정 토지를 AK 플라자에 매각하였고 대신 청년 문화센터와 공영 주차장을 만들게 하였습니다.

더군다나 AK 플라자는 건물 설계 시 건물 내로 들어와서 매장을 둘러보고 책거리 공원으로 가는 동선으로 MD 계획을 하였습니다.

옆에 통로를 만들기는 했지만 어두컴컴한 동굴 같은 동선을 만들어 저너머에 무엇이 있는지 전혀 알 수 없게 계획하였습니다.

저는 그곳을 지나갈 때마다 아쉬움에 제가 새로 설계하는 상상을 합니다. 실제 시공도 가능할 것 같습니다.

제가 만약 MD 디자이너였다면 그 통로 쪽으로 매장 입구를 냈을 것입니다. 마치 시장처럼 샵들을 그쪽으로 배치하면 알아서 임차인들이 이쁘고 밝게 꾸밀 것이고 고객의 유입은 증가할 것입니다.

지금 통유리로 외부 통로에서 보면 매장의 뒤밖에 볼 수 없게 되어 있는데 통유리를 철거하고 서터를 설치하고 쇼윈도로 만들면 사람들이 기꺼이

빌딩을 찾기 전 좋은 공인중개사부터 찾기를

홍대역 4번 출구를 통해 책거리 공원까지 자연스럽게 유입될 것입니다.

지금이라도 늦지 않았습니다. AK 플라자 관계자가 이 글을 본다면 재시공을 하더라도 그렇게 매장 위치를 바꿨으면 좋겠습니다.

물론 서울시나 AK 플라자 건물주는 이런 상황까지 예측하여 기획, 설계를 하지는 않았을 것입니다. 오히려 반대로 생각하였을 것입니다.

AK 플라자 같은 큰 쇼핑 센터와 호텔 같은 복합시설이 들어오니 홍대역 4번 출구로의 유입이 더 클 것이라고 예상하였을지도 모릅니다. 상권을 분석하는 전문가들이 쉽게 하는 착각입니다.

거대한 복합 쇼핑 센터가 자리 잡게 되면 오히려 주위 골목 상권은 시들해집니다.

그런 커다란 상권은 열린 공간으로 보이지 않고 마치 높은 성벽으로 둘러싸인 성처럼 느껴지기 때문입니다. 그 안에서 모든 것이 해결되는 상권은 거기서 더 이상 확장되지 않습니다.

고여 있는 상권과 번져 나가는 상권을 구분해야 합니다.

큰 쇼핑 센터가 지어진다고, 큰 단지의 아파트가 들어온다고 무조건 그 주위의 상권이 활성화된다고 착각하면 안 됩니다.

예전 아파트 단지는 가로변으로 상가가 있어 단지 내 주민들과 그 동네 주민들이 같이 이용할 수 있게 만들었습니다. 압구정 현대아파트를 생각하면 금방 이해가 될 것입니다.

하지만 요즘 아파트 단지를 생각해 보십시오. 차단기를 통해 단지 출입 자체가 되지 않고, 상가는 단지 내부에 있습니다.

안전 등을 위해서 외부인의 출입은 막고 아파트 주민들만 사용할 수 있게 설계하였습니다.

이런 곳의 상가를 분양 받으면 고객이 한정되어 상가의 상권이 활성화되지 못합니다. 인근 지역 주민들에게도 좋지 않습니다.

얼마 전 서울시는 이렇게 폐쇄적인 아파트 단지 설계를 개방형으로 바꾸면 혜택을 주겠다고 발표하였습니다. 좋은 정책입니다. 저도 백 번 찬성합니다.

커다란 구조물이나 차단기 등은 인간의 시선을 막아 상권의 번짐을 방해하는 요인으로 작용합니다.

계속 이야기하지만 **상권은 청춘들이 움직일 때 활성화됩니다.**

커다란 구조물에 들어가 안전하게 쇼핑하고 먹고 마시는 행위도 좋겠

빌딩을 찾기 전 좋은 공인중개사부터 찾기를

지만 **청춘들은 오히려 자연과 함께 햇볕을 쬐면서 작은 가게들 사이로 돌아다니며 즐기는 것을 더욱 선호합니다.**

상권이 활성화되는 가장 큰 요인은 청춘들의 움직임입니다.

7. 상권은 연애의 발자취다

제가 상담 중에,

"상권은 연애의 발자취입니다.

즉 남자 친구가 여자 친구를, 여자 친구가 남자 친구를 위해서 전력을 다해 찾아보고 움직이는 동선이 물리적으로 보이는 것이 상권입니다."

하면 다들 처음엔 그저 농담처럼 웃습니다. 그러나 이건 진심입니다. 이게 바로 상권의 본질입니다.

진짜 상권을 만드는 주체는 10대 후반, 20대 초반의 여성들입니다.

트렌드에 강한 만큼 싫증도 잘 내서 어디로, 어떻게 움직일지 예상 못 하게 만드는 존재들입니다.

몇 년 전 경리단길이 유행하던 때가 있었습니다.

그때 전 펑크록을 좋아하는 호스트였기에 게스트들을 데리고 그곳에 있는 공연장을 몇 번 찾았습니다. 가서 보고 이 상권은 곧 사라질 거라고 예상했습니다.

그렇게 생각한 가장 큰 이유는 그곳이 평지가 아니라는 것이었습니다. 그렇게 높은 언덕을 하이힐 신고 오른다고 생각해 보십시오.

남자 친구와 같이 간 힙한 음식점에서 찍은 음식 사진을 인스타그램에 올리기 위해 한 번은 가겠지만 두 번 이상은 방문하지 않을 것입니다.

방송의 힘과 스타 셰프 몇 명의 힘으로 만들어진 상권은 역시나 저의 예상대로 금방 무너졌습니다. 코로나의 영향도 있었겠지만 생각해 보면 코로나 기간 동안 연남동 상권은 한 번도 무너지지 않았습니다.

경리단의 유명 셰프가 떠난 점포는 모두 공실로 다른 임차인을 못 채워 놓고 있습니다.

임대료는 이미 턱없이 많이 올라 있고, 매도자들은 본인이 매수 시 따지던 수익률에 목이 매여 임대료를 내리지도 못하고 텅텅 빈 공실을 높은 임대료로 고집하고 있습니다.

왜냐하면 다음 매수자에게 예상 수익률이라고 말할 근거라도 마련하려고 그러는 것입니다.

항상 명심하십시오.
상권은 반드시 하이힐을 신고도 편하게 걸을 수 있는 길이어야 합니다.

만약 데이트할 남자가 한여름에 걷기도 힘든 길을 걷는 레스토랑을 예약했다면 여자는 다음 번에 센스 없는 이 친구를 다시 또 만나야 할지 심각하게 생각할 것입니다.

청춘들이 상대방을 위해 전력을 다해 찾아보고 다시 방문하는 그런 곳에 반드시 상권은 생깁니다.

게스트 하우스를 운영하던 때 저는 나름 스타 강사로서 호스트를 위한 강의를 하러 계속 다녔습니다. 그때 어떤 분이 이런 질문을 했습니다.

"왜 외국인들이 홍대를 그렇게 좋아하죠? 경복궁이나 한옥촌처럼 특별히 볼 것도 없고 그냥 작은 가게들만 있는 곳인데요."

저는 이렇게 대답했습니다.

"여러분이 만약 프랑스 파리를 갔다고 생각해 보세요.
당연히 서울의 경복궁 같은 에펠탑 앞에 가겠죠. 그곳에서 한 시간 정도 머무르면서 사진을 찍고 인스타그램에 올리고 그리고 다시 한국에 돌아왔다고 쳐요.
그리고 다음 해 다시 파리를 갔어요. 굳이 다시 에펠탑에서 사진을 찍으러 갈 필요를 느낄까요?

서울도 마찬가지입니다.

빌딩을 찾기 전 좋은 공인중개사부터 찾기를

처음에는 경복궁에 한복을 빌려 입고 신나게 사진을 찍고 인스타그램에 올릴 것입니다.

그리고 다음에 방문해서 또 경복궁을 갈까요? 안 갈 겁니다.

하지만 홍대는 다릅니다. 월요일부터 일요일까지 24시간 사람들로 북적입니다. 심지어 그런 사람들이 모두 이쁘고 멋집니다.

여자 혼자 새벽 4시에 술에 취해 거리를 걸어 다녀도 안전한 도시가 서울 말고 전 세계 어디에 있습니까?

서울에 놀러 오는, 아니 세계 여행을 하는 대부분의 연령대는 청춘들입니다.

청춘들에게 멋진 이성보다 더 끌리는 것이 무엇이 있겠습니까?

이것이 전 세계인들이 홍대를 계속 찾는 이유입니다."

이게 상권의 본질입니다.

대형 쇼핑몰, 아파트 단지, 유명 관광지 등은 닫힌 상권입니다.

부동산 투자의 관점으로 상권을 본다면 닫힌 상권은 의미가 없습니다.

계속 퍼져 나가고 지속 가능성이 있는 그런 상권이 부동산 투자 가치가 있는 상권입니다.

상권 분석을 잘하려면 연애를 하시기 바랍니다.

8. 거리보다 아인슈타인을 먼저 떠올려라

몇 년 전 아주 좋은 물건이 나왔습니다.

매수자들에게 적극적으로 소개를 하였는데 홍대역에서 살짝 먼 거리였습니다. 걸어서 15분 정도.

어느 매수자는 스톱워치로 시간까지 재며 역에서 너무 멀다고 기각하였습니다.

그 후 곧 그 물건의 가치를 안 매수자가 계약을 하였고 그분은 1년 정도 가지고 있다 다시 매도하여 큰 시세 차익을 보았습니다.

사실 그 매수자는 물건을 1년 이상 찾고 있었습니다. 그러면서 이런저런 부동산 투자 강의를 계속 들었다고 했습니다. 그리고 저를 만났습니다.

토요일에 만나서 수요일에 계약을 하였습니다. 이분이 저에게 이렇게 이야기를 하였습니다.

"수많은 부동산 강의를 비싼 강의료를 내고 들었는데 대표님의 두 시간 동안의 임장 상담이 훨씬 유익하고 머리에도 많이 남습니다."

당연한 이야기입니다. 부동산 투자의 핵심만 정확하게 짚어 주는 일타 강사의 강의가 훨씬 유용합니다.

그분의 지인은 수십 명의 공인중개사들과 수백 개의 물건을 1년 넘게 찾아보더니 며칠 전에 만난 공인중개사와 계약을 하냐며 약간은 어이없어하셨다고 합니다.

부동산 강의를 통해 만난 수많은 단톡방에 계약 전까지는 물건 얘기를 전혀 안 하고 있다가 계약 끝나고 바로 단톡방에 소식을 전하였다고 합니다. 그러니까 단톡방이 난리가 났다고 합니다.

'어떻게 그렇게 좋은 물건을 찾아서 계약을 하였냐?'고 말입니다.

사실 그 물건은 시장에 나온 지 몇 달 된 물건입니다. 그 물건의 가치를 저 같은 공인중개사가 알려 주지 않았던 것이지요.

그렇게 역과의 거리만을 중요하게 생각하는 매수자에게 꼭 하는 말이 있습니다.

역에 바로 붙은 국밥집을 데려간 남자와, 15분을 걸어야 하지만 자기만 아는 숨겨진 식당을 데려간 남자가 있다면 어떤 남자와 다시 데이트를 하고 싶겠냐고. 물론 후자일 것입니다.

15분의 거리도 잘 생각해야 합니다.

15분을 큰 건물만 가득 찬 강남 거리를 걷는다고 생각해 보십시오. 아니면 빌라만 가득한 주택가를 걷는다고 상상해 보십시오. 걷는 동안 15분이 1시간처럼 느껴질 것입니다.

반대로 볼거리가 많은 연남동 연트럴 파크의 상점가를 연인과 걷는다면?

15분이 15분으로 느껴지지 않고 순식간에 지나갈 것입니다.

바로 그 유명한 아인슈타인의 상대성이론을 떠올리시면 금방 이해가 될 것입니다.

단순히 거리와 시간만 재서 물건을 확인하면 안 됩니다.
직접 걸어가 보며 주위 상권으로 확인해야 합니다.
낮에도 가 보고 밤에도 가 보고 주말, 주중에도 가 봐야 합니다.

저는 임장을 할 때 절대 차를 타고 매수자를 모시고 다니지 않습니다.
같이 걸으면서 동네 이야기와 상권 분석을 하며 직접 매수자가 유동인구

빌딩을 찾기 전 좋은 공인중개사부터 찾기를

를 보고 느끼게 해 줍니다.

다음의 경우도 주의해야 합니다.

요즘 젊은 친구들은 인스타그램으로 음식점 등을 많이 찾기에 아무리 외지에 있더라도 주소만 찍고 찾아갑니다. 그래서 몇 시간씩 줄을 서서 먹기도 합니다.

이런 경우 '잘되는 가게가 있으니 이 동네도 곧 뜨겠지.' 하고 쉽게 생각하는데 실패할 가능성이 더 큽니다.

그 잘되는 가게가 천년, 만년 그곳에 있으리라는 보장도 없기 때문에 그 가게가 이전하면 순식간에 그 동네는 가라앉습니다.

잘나가는 음식점 옆의 음식점이 운영하기 훨씬 더 힘듭니다. 계속 비교가 되기 때문입니다. 주소를 콕 찍어서 온 고객들은 오래 기다린다고 결코 옆 가게로 가지 않습니다.

그러니 무조건 잘되는 가게의 유동 인구가 많다고 그 주변의 상권도 살아날 것이라고 속단하지 말기 바랍니다.

9. 무엇보다 중요한 것은 가용 금액

대부분의 공인중개사들이 매수자에게 제일 먼저 묻는 말이,

"얼마 정도 되는 빌딩을 찾으세요?"입니다.

그래서 답을 듣자마자 본인이 가지고 있는 그 가격대의 모든 물건을 보여 주고 매수자에게 고르게 합니다. 잘못된 방법입니다.

빌딩인에 상담하러 오거나 매수자가 전화를 하면 제일 먼저 묻는 말이,

"가용 금액이 어떻게 되시나요?"입니다.

여기서부터 시작해야 합니다.

10억을 가지고 있다면 거기서부터 대출을 어떻게 형성할지도 같이 고민해야 하고, 매수자의 성향도 파악해야 합니다.

매수자의 성격이 도전적인지, 보수적인지에 따라 개발을 할 토지를 사야 할지, 아니면 개발이 된 수익형 건물을 매수해야 할지 결정하게 만들어야 합니다.

원하는 위치의 상권 분석부터 호재가 있는 정부 발표가 있는지도 파악

빌딩을 찾기 전 좋은 공인중개사부터 찾기를

해야 하고 현 정부의 부동산 정책도 알아서 매수자에게 전달해야 합니다.

얼마까지 대출이 나오는지, 대출 상환 금리도 체크해야 하고 개발을 한다면 매수자와 건축사도 연결해 줘야 합니다.

공인중개사는 대충 생각해도 알아봐야 할 것이 한두 가지가 아닙니다. 왜냐하면 매수자의 전 재산을 투자하는 것이기에 그만큼 신중해야 하는 것입니다.

이런 일련의 과정 중에 공인중개사가 제일 먼저 파악해야 할 것은 매수자의 가용 금액입니다.

공인중개사가 매수자의 가용 금액을 정확히 파악해야 매수자에게 맞는 물건을 찾아줄 수 있습니다. 매수자가 살 수도 없는 물건을 아무리 추천해 봐야 무슨 소용이 있겠습니까?

매수자는 공인중개사에게 본인이 가지고 있는 정확한 가용 금액을 알려 줘야 하고 공인중개사는 매수자의 가용 금액에 맞는 정확한 물건을 소개해 줘야 합니다.

간혹 가용 금액을 밝히기를 꺼려하는 매수자도 있습니다.
가용 금액이 적어서 부끄럽다고도 하십니다.

저는 그런 분에게 충분하다고 말씀드리고 오히려 적은 금액으로 부동산 투자를 생각하신 분들의 용기를 칭찬합니다.

처음부터 500억짜리 빌딩을 사는 것보다 5억으로 시작해서 다음에 20억, 그다음엔 80억, 이런 식으로 투자하는 것이 오히려 더 좋은 방법입니다.

가용 금액이 적은 매수자들은 강남의 부동산 회사에서 느낀 약간의 수치심을 빌딩인에 오셔서 치유 받았다고 고맙다고 합니다.

작든 크든 각각의 매수자에게 딱 맞는 물건을 찾아 주는 것이 저의 일입니다.

적은 금액으로도 얼마든지 시작할 수 있습니다. 용기를 내시기 바랍니다.

빌딩을 찾기 전 좋은 공인중개사부터 찾기를

10. 세상 쉬운 것이 (매매 시) 명도다

매도자에게 이런 전화를 가끔 받습니다.

"대표님, 제가 아는 부동산에서 이거 팔려면 임차인들 새로 계약하지 말고 공실로 놔둬야 한다고 해서 몇 달째 비워 놨는데 계약도 안 되고 하니 어떻게 해야 하나요?"

이런 전화를 받을 때마다 속이 탑니다.

국민 대부분이 착각하고 있는 사실입니다. 심지어 대부분의 공인중개사도 정확히 모르고 있습니다.

결론부터 말하자면 (매매 시) 명도는 쉽습니다.

우리가 뉴스에서 흔히 보는 깡통 전세 사기 사건 등의 세입자가 안 나가겠다고 시위하는 장면은 경매 시 명도입니다.

제가 쉽다고 하는 명도는 **매매 시 명도**입니다.

쉽게 설명할 수 있도록 편의상 매매 시 명도를 '매매 명도'로 칭하고 경매 시 명도를 '경매 명도'라고 하겠습니다.

경매 명도는 세입자가 명도를 쉽게 해 줄 수 없습니다.

이사를 가는 순간 임차인의 대항권이 사라지기 때문에 이사를 안 가고 버티며 낙찰을 받은 새로운 임대인과 협상을 통해 보증금의 일부라도 받아야 합니다.

임차 보증금이 경매보다 등기 순위가 뒤라면 경락인은 임차인에게 보증금을 줄 이유가 없습니다.

그래서 임차인과 임대인 간에 다툼이 있고 명도가 힘들다고 하는 것입니다.

매매 명도는 전혀 다른 상황입니다.

이미 많은 매매가를 받은 매도자는 기존 임차인에게 보증금을 안 줄 이유가 하나도 없습니다. 오히려 기분 좋게 줍니다. 이사 비용도 챙겨 줍니다. 심지어 더 주기도 합니다.

임차인 입장에서는 안 나가고 버틸 이유가 하나도 없습니다.

본인이 주택 임차인이라고 생각해 보십시오.

빌딩을 찾기 전 좋은 공인중개사부터 찾기를

30년 된 구옥에 굳이 꼭 살아야 할 이유가 있습니까? 임대인이 이사 비용까지 챙겨 준다면 새로 지은 신축 빌라로 이사 가면 됩니다.

1층에서 영업하는 상점은 간혹 이미 본인이 주고 들어온 권리금 때문에 안 나가려고 저항을 하기도 합니다.

이 문제도 간단하게 해결할 수 있습니다. 매도자가 권리금을 미리 확인하고 매매가에 더하면 됩니다.

권리금까지 다 받으면 임차인 입장에서는 안 나가겠다고 버틸 이유가 없게 됩니다.

가끔 새로 바뀐 주택 임대차 보호법이나 상가 임대차 보호법 때문에 헷갈려 하는 임대인이 있습니다.

임차인과 주택을 계약하면 무조건 4년을, 상가를 계약하면 최장 10년을 임차인이 안 나간다고 생각합니다. 아닙니다.

계약은 언제든지 쌍방이 합의하면 깰 수 있는 것입니다.

임대인 임차인이 서로 합의한다면 임대 계약은 언제라도 깨뜨릴 수 있습니다.

임대인이 임차인에게 보증금, 이사 비용, 권리금 등을 모두 챙겨 주고 서로 합의한다면 그 순간 임대 계약은 끝나게 됩니다.

매도를 생각하는 임대인은 내일 팔리더라도 오늘 임대 계약한다는 마음으로 매매와 상관없이 임대 계약을 진행하면 됩니다.

그리고 가끔 매수자 명도조건으로 매도를 하고 싶은 매도인이 있는데, 사실 매매 시 명도는 갑자기 바뀐 새로운 매수인의 명도보다는 그동안 관계를 유지한 매도자가 해 주는 것이 여러모로 자연스럽습니다.

그러니 매도자는 명도를 두려워 말고 공인중개사의 조언을 받아 계약 후 잔금 전까지 자연스럽게 명도하고 매매를 성사시키기 바랍니다.

지금까지 중개를 하면서 명도 문제 때문에 힘들었던 적이 한번도 없습니다.

임차인 한 분과 이야기가 잘되어 이사 가면 그다음 분들은 덩달아 바로 따라 나갑니다.

그들도 어떤 것이 더 좋은 것인지 생각해 보면 지금 보증금 모두 받고 이사 비용까지 받아서 더 좋은 환경으로 이사 가는 것이 유리하다는 것을 금방 깨닫게 됩니다.

빌딩을 찾기 전 좋은 공인중개사부터 찾기를

경매였다면 명도 때문에 많이 힘들 수도 있습니다. 그러나 매매 시 명도는 쉽습니다.

절대 매도를 하려고 공실로 만들지 마시기 바랍니다.

가지고 있을 때는 마지막까지 그 건물로 인한 사용 수익을 다 내시기 바랍니다.

11. 계약 후 용도변경

주택을 매도하려는 매도자는 공인중개사 등을 통해 이런 이야기를 많이 들어 봤을 것입니다.

"계약 후 용도변경이 가능할까요?"

계약 후 용도변경을 쉽게 얘기하면 주택 매매 계약 후 잔금 전까지 매도자가 주택을 근린생활시설로 용도변경 후 잔금 처리와 등기 이전이 되는 절차입니다.

차근차근 더 쉽게 설명하자면 이런 절차가 생긴 원인부터 알고 있어야 합니다.

문재인 정권은 다주택자를 사회악으로 보고 다주택자를 잡겠다고 각종 세금 부과와 대출 규제로 엄청난 법들을 쏟아 내었습니다.

결과적으로 입법을 통한 급격한 규제가 국민 모두를 힘들게 하였고 시장은 오히려 반대로 움직여 집값만 잔뜩 올려놓았습니다.

빌딩을 찾기 전 좋은 공인중개사부터 찾기를

이 결과에 대한 사과나 반성은 아직까지 어디에서도 누구에게도 들어본 적이 없습니다.

서민을 위한다는 정책이 오히려 서민을 힘들게 하는 정책으로 여전히 남아 있습니다.

임대차 3법 등과 같이 부동산법은 다수당의 일방통행으로 순식간에 어떠한 논의나 숙고도 없이 입법되었습니다.

2주택자가 주택을 사면 취득세가 8%, 3주택자 이상부터는 12%, 법인이 주택을 사면 무조건 12%로 중과세하는 것으로 법을 바꿨고 2023년 현재까지 이 법은 유효합니다.

사실 이것보다 더 주택 매매를 힘들게 하는 규제가 있습니다.

바로 주택 담보 대출에 대한 규제입니다. 줄여서 주담대라고도 합니다. 주담대의 가장 큰 규제는 DSR로 제한을 둔 것입니다. DSR은 본인의 소득 대비 대출액을 규제하는 것입니다.

대부분 국민의 소득 1억 이하이니 20억 이상의 주택을 사려는 매수자에게는 대출이 거의 안 나온다고 봐야 합니다.

20억의 주택을 매수하는 데 고작 2억, 3억의 대출은 전혀 의미가 없습니다. 더구나 투기 지역은 1세대 1주택의 공시 지가 9억원 이하만 가능하기에 더욱더 무의미합니다.

윤석열 정권에서 다주택자에게도 대출을 60%까지 허용하겠다고 발표를 했지만 이것도 의미가 없습니다.

주택 담보 대출은 여전히 DSR로 규제를 받기 때문입니다.

그에 반해 사업자 대출은 전혀 다릅니다. DSR의 규제가 없습니다.

사업자 대출은 LTV,
즉 토지나 건물의 가치를 감정평가사가 평가하며 그 평가액의 7~80%의 금액으로 대출을 받을 수 있습니다.

주택 담보 대출과 사업자 대출은 비교할 수 없을 정도입니다. 20억으로 평가된 부동산이라면 이론상 16억의 사업자 대출이 가능합니다.

물론 근린 상가일 때 이야기입니다.
주택은 그런 대출이 불가능합니다. 그래서 주택이 근린으로 용도변경만 되어도 그 토지의 가치가 바로 상승하는 것입니다.

여기서 계약 후 용도변경이 등장합니다.

빌딩을 찾기 전 좋은 공인중개사부터 찾기를

주택이 근린 상가로 바뀌는 순간 은행은 매수자에게 토지의 가치로만 몇십 억의 돈을 대출해 주는 것입니다.

취득세 몇 % 더 내는 것은 별로 중요하지 않습니다.
이 사업자 대출이 매수자에게는 훨씬 더 중요한 것입니다.

부동산 투자는 본인이 20억의 현금을 가지고 있으면 대출을 최대한 일으켜서 40억, 50억짜리 물건을 사는 것입니다.
당연한 겁니다. 그것이 부동산 투자의 본질이기 때문입니다.

그동안 계약 후 용도변경이 가능했던 것은 국세청의 양도세, 취득세 부과 기준일이 다르기 때문이었습니다.

이렇게 부과 기준일이 달라진 것은 몇십 년 전 대법원 판례가 하나 있기 때문입니다.

몇십 년 전 누군가 주택 매매 계약 후 주택이 철거되었고 매수자는 잔금일에 주택이 이미 철거되었기에 취득세는 나대지 기준으로 내겠다고 했으나 국세청은 계약일 기준으로 주택의 취득세를 내라고 했습니다.

결국 이 문제가 소송으로 이어져서 대법원까지 가게 되었고 그 당시 대법원 판사는 확실하게 결정을 해 주었습니다.

대법원 판례는 취득세 기준은 잔금일로, 양도세 기준은 계약일로 결정해 주었습니다.

국세청에 주택을 계약하고 잔금일 전까지 매도자가 주택을 근린 상가로 용도변경을 하였을 때 양도세와 취득세 부과 기준에 대한 유권 해석을 국세청에 질의를 하였을 때 국세청은 기존 판례를 인용하여 용도변경도 철거와 같은 개념으로 판단하였습니다.

이렇게 유권 해석을 하면 매도자, 매수자, 심지어 정부도 모두 이익입니다.

매도자는 계약 후 용도변경을 하여도 양도세 과세 시 1가구 1주택 비과세 혜택과 장기 특별 공제 혜택을 받을 수 있어 양도세를 거의 안 내게 됩니다.

매수자도 이 방법이 그냥 주택으로 매수하는 것보다 훨씬 유리합니다.

일단 주택이 아니기에 취득세를 4%만 내도 되고 사업자 대출 80%가 나오게 되고 마지막으로 물건이 완전히 명도가 된 상태, 즉 빈집으로 매수할 수 있는 것입니다.

정부 입장에서 보면 부동산 거래가 많아지면 세수를 걷는 입장에서 유리합니다. 거래가 많이 될수록 세금도 더 걷을 수 있고 주택보다는 근린 상가가 세수가 훨씬 더 많습니다.

대한민국 국민의 입장에서 보면 자연스러운 국토 개발이 국민의 삶의 질을 올려놓게 됩니다.

30년 된 구옥으로 계속 남아 있는 동네보다는 청춘들이 활발히 움직이는 상업지로 개발되는 것이 국토의 활용 면에서도 좋습니다.

계약 후 용도변경은 단순히 건축물 대장상 주택이 근린생활시설로 바뀌는 것이 아니고 지자체 건축과에서 근린생활시설로 변경된 것을 확인해야 하고 그 기준은 지자체마다 약간씩 다릅니다.

정확한 기준은 필히 지자체 담당 주무관이나 담당 공인중개사에게 미리 확인하시기 바랍니다.

일례로 마포구청의 건축과는 싱크대의 유무를 기준으로 합니다. 근린상가로 변경 시에는 집 안에 있는 싱크대가 모두 철거되어야 합니다. 하지만 이런 기준도 계속 변경됩니다.

그리고 건물 내 모든 물건이 없는 완벽한 빈집이어야 합니다.

모든 임차인은 당연히 명도가 되어서 이사를 가야 하고, 심지어 잔금일 전에 매도자도 이사를 가야 합니다.

공인중개사는 이런 매도자의 심리적 부담감을 덜 수 있는 신뢰를 주어야 하고 모든 비용을 전부 처리할 수 있게 해 주어야 합니다.

그래서 자연스럽게 계약 후 용도변경은 매도자 책임하에 명도가 완료되는 것입니다.

명도 문제도 앞에서 서술했듯이 매도 시 명도는 너무 쉽습니다.

결국 매수자 입장에서 보면 깔끔하게 나만의 공간으로 인수받을 수 있는 것입니다.

때로는 정화조의 크기가 이슈가 되기도 하나 그런 경우는 매우 드뭅니다. 만약 그렇더라도 별로 큰일은 아닙니다. 작은 포크레인으로 바닥을 파고 큰 정화조를 새로 묻으면 됩니다.

이 모든 일련의 과정과 비용은 매수자 부담으로 하며 저희 빌딩인에서는 담당 공인중개사가 모두 책임지고 완벽하게 해결해 드립니다.

대관 업무, 즉 건축물 대장 변경 신청은 건축사만 할 수 있으며 비용은 그렇게 크지 않습니다.

이것도 빌딩인이 주관하여 건축사를 직접 섭외하고 건축사와 협조하여 완벽하게 정리해 드립니다. 기간도 신청 후 2주일이면 모든 과정이 끝납니다.

이렇게 매도자와 매수자 모두 법의 테두리 안에서 만족스럽게 주택 매매가 되고 있었는데 **2022년 10월 21일 갑자기 계약 후 용도변경을 하지 못하게 되었습니다.**

이 내용은 다음 글에서 자세히 설명하겠습니다.

12. 기재부가 쏘아 올린 작은 공

2022년 10월 21일 조용한 일이 하나 생겼습니다.

시작은 조용했지만 그 결과는 폭발적입니다. 누군가 기재부에 문의를 하나 했나 봅니다.

"주택을 계약 후 잔금일 전까지 매도자가 주택을 근린생활시설로 용도 변경 하면 양도세와 취득세의 부과 기준일은 계약일인가요? 잔금일인가요?"

그동안 국세청은 대법원 판례에 근거하여 양도세 부과 기준을 계약일로 보았고, 취득세 부과 기준은 잔금일로 보았습니다.

그런데 국세청보다 상위 기관인 기재부는 대법원 판례도 무시하고 양도세와 취득세 부과 기준을 모두 잔금일로 본다고 답변했습니다.

그리고 기재부는 2022년 10월 21일부터 대한민국의 모든 주택 계약 시 양도세 부과 기준일을 계약일에서 잔금일로 바꾼다고 발표했습니다.

빌딩을 찾기 전 좋은 공인중개사부터 찾기를

더구나 한 달 후 이미 판례가 있는 주택 계약 후 철거 시도 판례와 다르게 양도세 부과 기준일을 잔금일로 변경한다고 발표하였습니다.

발표라는 말도 어폐가 있는 것이 공고를 한 것도 아니고, 신문에 기사가 나온 것도 아니고, 법으로 바꾼 것도 아니고, 단지 기재부 사이트의 질의 응답란에 써 있을 뿐이었습니다.

법으로 바뀐 것이 아니고 단지 행정부의 유권 해석이 하루아침에 변경된 것입니다. 이 변경 내용을 일반 국민들은 물론 대부분의 세무 전문가들도 아직 모르고 있습니다.

양도세 부과 기준일을 계약일에서 잔금일로 바뀐 일이 그렇게 큰일인가요?

큰일입니다.
이렇게 되는 순간 매도자는 양도세 폭탄을 맞게 됩니다.
1가구 1주택의 비과세 혜택도 없어져서 매도자의 주택으로서 세제 혜택은 모두 사라지는 겁니다.

쉽게 이야기하자면 양도세를 1,000만 원만 내도 되는 것을 갑자기 5억 정도 내게 되는 것입니다.

매도자는 오래된 주택을 매도하고 이사 가고 싶어도 못 하게 되는 것이고 매수자 입장에서는 개발할 토지의 가격이 대폭 상승하는 상황이 되며, 일단 주택은 대출이 안 나오기에 사업 자체를 시행할 수 없게 되는 것입니다.

정부는 매도자가 1세대 1주택으로 오래 살았기 때문에 양도세를 비과세로 바꿔 주고 장기특별공제도 1년에 4%씩 감면해 주었던 것입니다. 엄청난 혜택입니다.

그런데 계약 후 잔금까지 몇 개월 동안 근린 상가로 용도변경 하였다고 이 모든 혜택을 없애 버리는 것입니다. 부당합니다.

기재부가 이렇게 국민 생활에 중요한 결정을 어떠한 논의나 숙고 없이 공무원 몇 명이 한 번에 정하는 것이 맞는 일이지 모르겠습니다.

정부는 주택이 계속 근린으로 바뀌면 주택 증가량의 통계가 낮아지는 것과 주택 임차인이 강제로 쫓겨나는 것을 우려했나 봅니다.

주거지의 형태는 계속 변하고 있고 임차인들은 30년 된 구옥보다는 새로 지은 빌라나 오피스텔, 아파트를 선호합니다. 임차인들은 자연스럽게 그들이 원하는 주거지로 이동 중입니다.

주택의 매매 시에는 임차인이 쫓겨나지도 않습니다. 앞에도 기술하였듯이 매도 시 명도는 당연히 임대인이 임대 보증금을 다 줍니다. 이사 비용까지 더 줍니다. 그래야 합의가 되기 때문입니다.

정부에서 깡통 전세 사기처럼 임차인의 주거 안정성을 걱정할 이유가 전혀 없는 상황입니다.

부당함에 기재부에 전화도 몇 번 하였지만 법으로 바꾸면 된다는 대답만 돌아왔습니다.

현재 국회에서 이런 문제로 신경 쓰는 국회의원이 있겠습니까? 그리고 이런 법을 국회에서 논의하고 상임위를 통과하고 본회의 상정 후 국회의원의 표결로 법이 바뀌기까지는 10년도 모자를 겁니다.

이 문제는 국회를 통한 입법의 문제가 아닌 기재부의 유권 해석만 2022년 10월 21일 이전으로 돌리면 해결되는 간단한 문제입니다.

저는 개인적으로 이 문제를 바로잡으려고 백방으로 노력하고 있는 중입니다.

이와 비슷한 사례가 또 있습니다.

문재인 정권 때 터진 LH 사태, 공공 기관의 임직원들이 비공개 정보로 사익을 위해 부동산 투기를 하였고 이것이 발각된 후 국회는 이런 사태를 막겠다고 급격히 법을 바꿔 이제 농지는 아버지가 돌아가서도 팔지 못하여 자식이 멀쩡한 직장을 버리고 가족들과 귀농을 해야 하게 만들었습니다. 말이 되는 정책입니까?

90살 드신 노인들은 농지를 팔지도 못하고 농사도 못 짓고 멀쩡한 토지는 계속 버려지고 있습니다. 누구를 위한 법인지 모르겠습니다. 농민을 위한 법도 아닙니다.

이제 농지는 절대 사지도 못하고, 팔지도 못합니다.

이 문제도 이번 정권, 혹은 다음 총선 후 국회에서 법 개정을 통해 빨리 정상으로 돌려놓아야 합니다. 그야말로 빈대를 잡으려다 초가삼간 다 태우고 있습니다.

국토부도 이 문제의 심각성을 인지하고 법 개정을 추진하고 있다는 소식을 들었습니다.

다시 주택의 계약 후 용도변경으로 돌아와서 이 모든 문제는 대한민국의 부동산 정책이 아파트에만 집중해서 만들어지는 바람에 벌어진 일입니다.

계약 후 용도변경은 아파트가 아닌 일반 주택이 대상이며 중요한 사실은 99%의 매수자는 3~40년 된 구주택을 주택으로 이용하려는 것이 아니고 주택 밑에 깔린 땅을 이용하여 개발하려는 목적으로 사려는 것입니다.

다주택자와 전혀 별개의 문제인데 한데 엮어서 엉뚱한 피해자만 양산되고 있습니다.

제일 큰 피해자는 주택 매도자입니다.

얼마 전 『조선일보』 기자에게 이 문제를 제기하여 제 이름이 기사에 나왔습니다.

> 김경락 빌딩인 대표는 "서울에서 노후 단독주택을 매수하려는 수요 중 상당수가 리모델링 후 업무나 상업용으로 활용하려는 것인데, 이 같은 거래가 사실상 막히게 됐다"며 "노후 단독주택에 수십 년 거주한 은퇴 계층이나 자영업자들의 피해가 우려된다"고 말했다.[1]

저는 이 기사에 제 이름이 나온 줄도 모르고 있었습니다.
이 기사가 나온 이른 아침에 서초동에 사는 어느 분이 전화를 했습니다.

"대표님이 제 마음을 정확히 알고 계시네요. 기사에 이름이 나왔길래 검색해서 대표님의 글과 유튜브 모두 보았습니다.
제발 이런 사정을 정부에서 알아보고 바꿀 수 있게 노력해 주세요."

거의 울먹이며 절박한 심정을 저에게 전했습니다. 그래도 이분은 사태의 심각성을 인지하는 분입니다.

---

1) 정순우, 「"잔금전 용도변경때 세금혜택 안돼" 정부 유권해석에 단독주택 거래 뚝」
『조선일보』, 2023.04.12.

대부분의 주택 매도자들은 사태의 심각성도 인지하지 못하고 있습니다.

'지난해 말부터 왜 이렇게 매수자가 없을까? 금리가 올라서인가? 가격을 좀 낮춰야 할까?'

아닙니다. 본인의 주택이 하루아침에 대출이 안 나오는 물건으로 변했기 때문입니다.

이토록 심각한 문제가 이슈화되지 않는 가장 큰 이유는 최대 피해자인 주택 매도자가 이 사실을 정확히 모르기 때문입니다.

주택 매도자가 민원도 넣고 재산권 침해에 대한 행정 소송도 해야 하는데 일단 모르니 가만히 계시는 겁니다.

매수자도 피해자입니다.

주택으로 사려는 마음은 전혀 없고 오래된 주택, 주택의 기능을 다한 주택을 철거하고 그곳에 건물을 짓고 개발을 하고 싶은데 대출이 안 나오게 해서 그런 개발 기회를 모두 빼앗긴 것입니다.

국민도 피해자입니다.

거주 형태는 계속 변하고 거주지도 자연스럽게 변하는 것입니다. 주거지가 상업지가 되기도 하고 임야가 주거지로 개발되기도 합니다. 그러한 자연스러운 국토개발을 기재부에서 차단해 버린 것입니다.

계속 폐가처럼 변하여 주거 환경이 나빠지는 주거지에서 살아야 하는 주민들도 피해자입니다.

정부도 피해자입니다.

국가 예산을 잘 운영해야 하는데 1세대 1주택 비과세 혜택을 안 주고 조금이라도 양도세를 많이 걷으려고 바꿨다가 오히려 거래를 모두 막아 버려 양도세, 취득세를 더 못 걷고 있는 실정입니다.

앞에도 설명했듯이 아버지가 돌아가시면 아들은 팔아야 합니다. 빨리 매도하여 상속세도 내야 하고 형제들과 재산 분배를 해야 합니다. 그런데 지금은 팔지 못하는 주택이 전국적으로 계속 쌓이고 있습니다.

대출을 막아 버린 기재부의 법령 해석 하나 때문입니다.

안타까운 사연을 계속 토로하는 주택 매도자들이 한두 명이 아닙니다. 제발 정부가 나서서 이 문제를 해결해 주기를 바랍니다.

그나마 이 사태를 인지하는 분들은 그나마 나으신 겁니다. 대부분의 주택 매도자들은 이게 무슨 사태인지도 모르고 그냥 당하고 있는 것입니다.

이 글을 읽는 여러분도 혹시나 주위에 아는 정치인이 있다면 이 문제를 적극 알리기 바랍니다.

혹은 주택 매도자 중에서 기재부를 상대로 재산권 침해에 대한 행정 소송을 해서 승소한다면 판례로 쉽게 예전으로 되돌려 놓을 수 있습니다.
만약 실행하고자 하시면 제가 옆에서 적극적으로 도와드리겠습니다.

이 글을 읽고 조금이라도 이해가 안 되는 점이 있다면 언제든지 저에게 연락 주시기 바랍니다. 이 사태의 모든 상황을 알기 쉽게 설명해 드리겠습니다.

빌딩을 찾기 전 좋은 공인중개사부터 찾기를

13. 주택을 매도하려면 대출이 가능하게 만들어라

이미 설명한 것처럼 현재 주택은 매매가 힘들게 되었습니다.

대출이 안 나오니 만약 50억짜리 주택을 매도하려면 50억을 가지고 있는 매수자를 찾아야 합니다. 거의 불가능한 일입니다.

50억의 가용 금액을 가지고 50억짜리 부동산을 사려는 사람은 없습니다. 모두 대출을 최대한 하려고 합니다.

왜냐하면 내가 감당하여야 할 대출 이자보다 지가 상승폭이 크리라는 확신을 하고 있기 때문입니다.

가족 중에 누군가 50억의 돈으로 50억짜리 토지를 산다고 하면 무조건 뜯어말릴 것입니다.

이렇게 되니 현재 사업자 대출이 안 나오는 주택들은 시장에서 버려지게 되는 것입니다.

이 문제에 대하여 몇 달을 고민하고 해결 방법을 연구하였습니다.

그리고 방법을 찾았습니다. 그래서 주택 매도자 수십 명에게 한 분, 한 분 전화로 설명하였습니다. 거의 한 달이 걸렸습니다.

매도자에게 전화를 해 보면 반응이 대충 세 가지로 구분됩니다.

첫 번째는 들어 보려고도 안 하고 일단 화부터 내는 부류입니다.

자기는 그런 것 모른다며 그냥 빨리 팔기만을 바랍니다. 대부분 연세가 있으신 분들인데 저는 이분들이 더 안타깝습니다. 이런 분들이 빨리 매도를 해야 하는데 말이죠.

이러면 말 길게 안 하고 알겠다고 하고 끊습니다. 알려고 하지 않으신 분들에게 더 이상 설명을 할 수 없기 때문입니다.

두 번째는 대충의 내용을 이해하시고 추후 가족들과 상의를 해 보신다는 분들입니다.

이렇게 가족과 상의하는 것은 대단히 좋은 방법입니다. 우리 가족의 재산권이기에 아들, 딸 등에게 적극 알리는 것은 좋습니다.

그러면 저는 제가 만든 유튜브 동영상과 제가 기획하여 기사화된 신문기사를 보내 주고 이것을 가족들과 같이 보시라고 합니다. 그러면 며칠 후에 연락이 옵니다.

빌딩을 찾기 전 좋은 공인중개사부터 찾기를

세 번째는 진짜 급하게 매도를 하셔야 할 분입니다.

이분들은 바로 달려오십니다. 가족들과 제 이야기를 직접 듣고 조언을 받고 싶으신 분들입니다. 사정을 들어 보면 한 분, 한 분 모두 안타깝습니다.

잘 설명해 주고 이런 상황을 잘 이해하고 있는 세무사도 연결하여 줍니다. 그분들이 가지고 있는 구옥이 잘 매도되도록 좀 더 노력합니다.

방법은 이렇습니다. 주택 매도자가 가장 먼저 할 일은 세무사를 만나는 일입니다.

먼저 세무사를 만나서 현재 상태, 즉 주택을 그대로 매도하였을 때 양도세를 계산하여야 합니다. 그 금액을 A라고 합시다.

그리고 계약 후 주택을 근린 상가로 용도변경 하였을 때 양도세를 계산하고 그 금액을 B라고 하면 1세대 1주택 비과세 혜택이 없어져 당연히 B가 클 것입니다.

그럼 B에서 A를 빼고 그 차액을 매도가에 더하면 됩니다.
그리고 그 금액으로 광고하면 됩니다.
물론 광고 문안의 제일 앞에 계약 후 용도변경이 가능하여 사업자 대출이 된다는 사실을 알려야 합니다. 이러면 대출이 가능한 주택으로 변하는 것입니다.

50억의 물건이 55억이 될 수도 있습니다. 하지만 50억을 대출이 안 나오는 45억으로 네고하여 주는 것보다 사업자 대출 80%가 나오는 55억이 훨씬 더 매수자의 흥미를 끌게 됩니다.

결론적으로 정부에서 주택 매매가를 더 올린 셈이 된 것입니다. 하루빨리 정부가 이 문제의 심각성을 깨닫고 2022년 10월 21일 전처럼 주택 매매 시 양도세 부과 기준을 계약일로 유권 해석을 바꾸기를 바랄 뿐입니다.

세법을 바꾸기에는 너무 많은 시간과 절차가 필요하지만 이것은 입법의 문제가 아닌 행정의 문제이고 기재부가 법의 유권 해석만 바꾸면 간단히 해결될 문제이기 때문입니다.

이렇게 조사를 하다 보니 의외로 근린으로 바꿔도 양도세 차익이 얼마 안 되는 주택도 있습니다.

상속세를 공시지가가 아닌 시가로 계산하여 내신 분들입니다. 이분들의 주택은 양도세 이슈가 없기에 매물 광고 시 적극적으로 매수자에게 사업자 대출이 가능한 주택이라고 알릴 필요가 있습니다.

또 다른 경우는 매수한 지 얼마 안 되어 양도세 이슈가 크지 않은 매도자입니다.

어떤 분들은 양도세 차액을 네고 금액으로 보고 바로 진행하라고 하는 분도 있습니다. 매도가 급한 분들입니다.

개인마다 상황이 모두 다르니 공인중개사와 잘 상담하여 매도에 성공하시기 바랍니다.

14. 수익률보다 더 중요한 것은 공실률

가끔 이런 전화를 받습니다.

"대표님, 저는 수익률 5% 이상 물건만 보여 주세요."

이런 전화를 받으면 꼭 하는 얘기가 있습니다.

"수익률보다 더 중요한 것이 있습니다. 그것은 공실률입니다."

그동안 수많은 공인중개사들이 계속 강조하던 수익률.

수익률이 4.34%다, 5.21%다. 모두 의미 없습니다.

분양 광고를 보면 더 심합니다. 수익률 7% 보장. 도대체 어떻게 보장을 해 주는 건지.

수익률은 투자비 대비 임대 수익을 말합니다.

여기서 중요한 것은 임대 기간입니다. 즉, 오늘까지 임대인이 있다가 내일 계약이 끝나서 나가게 되면 바로 수익률은 0이 되는 겁니다.

그래서 수익률이 영원하리라는 생각은 버리고 언제나 변할 수 있다고

빌딩을 찾기 전 좋은 공인중개사부터 찾기를

생각해야 합니다.

분양 광고에서의 수익률은 상상할 수 없을 정도로 높습니다. 왜냐하면 예상 수익률이기 때문입니다.

건물도 완공되기 전에 임차인도 구해지지 않은 상태에서 수익률 계산은 공허합니다. 수익률 7% 등에 현혹 당하지 말기 바랍니다.

수익률은 속이기도 쉽습니다.

매수자는 매도자와 임차인과의 계약서만 믿을 수밖에 없는 상황이며 통정 계약일지는 아무도 모르는 겁니다. 등기 이전이 된 후 갑자기 임차인이 나간다고 하면 대법원 판례대로 그대로 내보낼 수밖에 없습니다.

지금까지 경험으로 보면 내심 계약을 파기하고 나가고 싶은 임차인도 많이 있습니다. 그런 분들은 임대인이 바뀌면 이때다 싶어서 나가겠다고 합니다. 그러면 매수 전의 수익률은 아무런 의미가 없어지는 것입니다.

수익률보다 이번 임차인이 나갔을 때 바로 다음 임차인을 구할 수 있는 공실률이 중요합니다.

저는 홍대에 오래 살고 있고 특히 연남동이 어떻게 변하는지를 계속 지켜보고 있습니다. 저녁 먹고 동네 한 바퀴 돌다 보면 그동안 손님이 많아서 잘나가던 매장이 문을 닫고 새로 인테리어 공사를 하는 것을 자주 보게 됩니다.

아마도 그 전 임차인은 사정이 있거나 망해서 나갔을 겁니다. 그러면 다음 임차인이 바로 그 자리를 채워 놓습니다.

중요한 것은 이것입니다.
임차인이 나가면 바로 채워 놓을 임차인이 줄을 서 있냐, 아니냐?

여러분이 만약 런칭한 브랜드가 갑자기 성공했다고 치면 그 성공한 브랜드의 지점을 어디다 내겠습니까?

요즘은 무조건 연남동부터 옵니다. 만약 연남동에 자리가 없으면 성수동을 찾아보게 되죠.

연남동은 철거하려고 가설 칸막이만 쳐 놓으면 그때부터 임대 문의가 들어옵니다. 왜냐하면 첫 번째 들어오는 임차인에게는 권리금이 없기 때문입니다.

그 지역의 공실률을 확인하려면 한국부동산원에서 확인하면 됩니다.

참고로 연남동의 2023년 3분기 공실률은 2.4%입니다.[2] 연남동은 거의 공실이 없다는 뜻입니다.

물론 통계상의 수치도 중요하겠지만 매수하려는 물건지에 직접 다니면서 빈 상가가 있는지, 임대 가격은 평당 어느 정도인지, 임차인은 쉽게 구할 수 있는지 직접 발로 뛰면서 알아보는 것도 중요합니다.

수익률 몇 퍼센트인지 따지거나 숫자에 현혹되지 말고 지금 임차인이 나갔을 때 바로 다음 임차인이 있을지부터 걱정하시기 바랍니다.

---

2)   한국부동산원 부동산통계정보시스템(R-ONE), https://www.reb.or.kr/r-one/na/ntt/selectNttInfo.do?mi=9511&bbsId=1109&nttSn=44766

15. 사는 것보다 더 중요한 것은 잘 파는 것이다

물건을 찾는 매수자는 항상 선택을 해야 합니다.

'이 물건은 평 단가가 좀 싸고, 저 물건은 좀 비싼 대신 주위 상권이 좋고.'

이렇게 계속 사는 것에만 집중하여 선택하다 보면 진짜 중요한 사실을 잊게 됩니다.

부동산 투자는 내가 가진 가용 금액에 대출을 더해서 매수를 한 후 사용 수익을 충분히 보고 거기에다가 시세 차익을 보아 매도하는 것입니다. 여기서 중요한 방점은 바로 매도입니다.

항상 매수자에게 강조합니다.

"지금 사는 것이 중요한 것이 아니고 3년 후에 잘 팔릴 물건을 사야 합니다."라고.

부동산이 현금화가 힘들거나 안 된다면 그것은 투자 실패입니다.

오히려 그 부동산은 평생의 짐이 됩니다. 안 팔리는 물건을 몇십 년 가지고 있어 봐야 무슨 의미가 있겠습니까? 세금만 많이 나옵니다.

탈출을 잘할 수 있는 물건이 중요합니다.

그래서 제대로 된 공인중개사가 필요한 것입니다. 그저 1, 2억 싸다고 싼 물건을 선택하게 하는 공인중개사는 멀리해야 합니다.

진정한 공인중개사라면 이 물건이 3년 후에 어떻게 될 것인가도 파악해야 하고 매수자에게 그 물건이 매도될 때까지 계속 신경 써 줘야 합니다.

매수자 중에 공동 투자를 하겠다고 물건 보여 달라는 분들이 있으면 저는 웬만하면 공동 투자는 힘들다고 말립니다. 부동산 투자 동호회 등에서 알게 된 지인들은 더욱 그렇습니다.

DNA가 섞인 엄마와 딸 등은 괜찮지만 친구 등과의 관계는 어떻게 매수는 성공했다고 하더라도 임대 관리 시부터 힘들어집니다. 서로 책임 범위가 명확하지 않기 때문에 사사건건 트러블이 생길 수밖에 없습니다.

더 힘든 건 매도 시입니다.

몇 년 후에는 각자의 사정이 달라지므로 지금 반드시 팔아야 할 사람과 아닌 사람으로 나뉘고, 이 가격이면 만족하는 사람과 아닌 사람으로 구분됩니다.

팔아서 현금화해야 성공인데 그 과정이 혼자 결정하는 것보다 100배는 더 힘들어집니다.

얼마 전 합필 건물의 한쪽 건물을 팔겠다고 온 매도자가 있었습니다. 제가 얘기했습니다.

"이 건물은 개발하기 아주 좋은데 이 건물만 철거하면 옆 건물 무너집니다."

매도자는 아버지에게 상속받았다고 했습니다.
아마도 아버지 대에는 두 분이 마음이 맞아서 합필 건물을 지었을 겁니다. 이렇게 지으면 각각의 필지 경계선 50cm를 띄우고 짓지 않아도 되기에 1m의 이득을 볼 수 있습니다. 그 외에 지자체에서 주는 혜택도 있었을 겁니다.

그러나 우애 좋은 아버지와 친구는 돌아가셨고 각자 상속받은 아들들은 전혀 상황이 달라집니다. 한쪽은 팔고 싶은데 나머지는 아닙니다. 이렇게 되면 이러지도 저러지도 못합니다.

이 상황을 가장 잘 이해할 수 있는 것이 바로 세대가 분리된 다세대 빌라입니다. 이렇게 필지가 쪼개진 순간 한꺼번에 하나의 필지로 매도가 불가합니다.

몇 년 전에 매수 상담을 했던 고객이 찾아와서 그때 다른 공인중개사를 통해 산 물건이 안 팔려서 어떻게 해야 하냐고 오는 분들이 있습니다.

물건을 확인해 보면 전형적으로 탈출을 생각하지 못한 투자입니다.

매수 당시에 몇억 원이 싸다고, 혹은 수익률이 높다고 덜컥 계약해 놓고 몇 년 후 팔 것을 생각하지 못하면 크게 낭패를 볼 수도 있습니다.

좋은 공인중개사는 당장의 매매 중개가 중요한 것이 아니고 이 고객이 잘 탈출할 수 있는 물건인지 먼저 파악해 주어야 합니다.

그러기 위해서는 상권 분석도 계속해야 하고 정부의 발표도 놓치지 않고 파악해야 합니다.

무엇보다도 상권이 계속 활성화하여 공실이 없는 그런 곳의 물건을 추천해야 합니다.

16. 목보다 가슴까지 차는 물건을

근본적인 질문입니다.

'우리는 왜 건물주가 되려고 하는가? 왜 빌딩을 사려고 하고 왜 건물을 사서 임대인이 되려 하는가?'

답은 건물주가 되어 노후를 편하게 보내고 싶어서도 있고 자식에게 부를 물려주기 위해서일 수도 있지만 결국은 행복해지기 위해서입니다.

내 이름으로 부동산이 등기가 된 순간 어느 누구에게도 뺏길 수 없는 나만의 것이 되면서 사용 수익과 시세 차익을 얻을 수 있는 재산이 되는 것입니다.

또 부동산은 다른 유가 증권 등과 다르게 세금 등의 문제로 바로 현금화하기 힘듭니다. 이런 점 때문에 좀 더 오래 보유하게 되고 결국은 자식 대까지 대대로 부를 일으킬 수 있는 자산이 되는 것입니다.

그럼 빌딩을 사서 건물주만 되면 그때부터 무조건 행복한 사람이 되는 걸까요? 유감스럽게도 아닙니다.

빌딩을 찾기 전 좋은 공인중개사부터 찾기를

물론 잔금을 처리하고 나에게 등기가 이전되면 며칠 동안은 붕 뜨듯이 행복할 수도 있지만 바로 일상이 되고 어쩌면 그 건물로 인한 스트레스가 더 커질 수도 있습니다.

건물주가 되었다고 아무런 리스크 없이 매달 임대료만 받는 삶이 되지는 않습니다. 건물 노후화에 따른 비용도 계속 들어갈 것이고 임차인과의 생각지도 않은 소송에 휩싸일 수도 있습니다.

갑자기 나간다는 임차인과 채워지지 않는 공실을 보며 안타까워할 수도 있습니다.

방수 등 건물의 하자로 예상하지 못한 큰돈이 들 수 있고 건물 내의 안전 사고도 건물주의 몫입니다.

너무 안 좋은 이야기만 한 것 같습니다. 하지만 건물주만 되면 매일 해외여행만 다니고 신나게 살 것이라는 착각은 하지 말자고 썼습니다.

그래서 가용 금액에 비해 너무 큰 규모의 건물을 사려고 하면 제가 먼저 말립니다.

"가슴까지 차는 물건을 매수하십시오. 너무 목까지 차는 물건을 매수하면 나중에 힘들 수 있습니다."

매도가 대비 80%까지 대출이 나오는 것으로 산정해서 물건을 찾는 분들이 많이 있습니다.

예를 들자면 10억의 가용 금액으로 40억의 물건만 보시는 경우입니다.

이렇게 유도하는 공인중개사도 있습니다. 위험한 생각입니다.
이론적으로는 가능하지만 현실은 그렇지 않습니다.
빌딩 매매는 여러 가지 변수가 많습니다.

생각지도 못한 세금 폭탄을 맞을 수도 있고, 체크하지도 못한 건물의 하자로 많은 금액을 지출할 수도 있고, 개발 허가의 지연이나 공사의 지연으로 임대도 못 하고 은행 이자만 계속 나갈 수도 있습니다.

매가의 80%를 레버리지로 계산하는 것은 이론적으로는 맞지만 처음부터 너무 무리한 투자 방법입니다.

저는 보수적으로 가용 금액의 두 배, 그러니까 매가의 50%는 적어도 자기 자본이 있는 상태의 물건을 소개합니다. 이 정도부터 시작해야 후에 뒤탈이 적어집니다.

앞에서 말했지만 빌딩을 사는 것은 행복해지자고 사는 것인데 하루하루 은행 이자에 임차인, 건축 시공비 걱정 등에 밤에 잠도 못 자는 건물주라면 무슨 의미가 있겠습니까?

빌딩을 찾기 전 좋은 공인중개사부터 찾기를

본인의 성향에 맞고 본인의 가용 금액에서 넘치지 않는 그런 건물을 사서 모두 행복한 건물주가 되기를 바랍니다.

17. 건축을 하면 10년이 늙는다고?

저는 처음 매수 상담 시 매수자의 현 직업이나 성향, 가족 사항 등 되도록이면 많은 정보를 얻으려고 합니다.

혹시 건축 쪽의 일을 하는지, 새로운 일에 거부감 없이 뛰어드는지, 스트레스를 받았을 때 쉽게 포기하는 성향인지 등 이런저런 이야기를 하며 매수자의 성향을 파악합니다.

물론 짧은 상담 시간에 모든 것을 파악할 수는 없지만 중개를 책임지는 저에게는 정말 중요한 체크 사항입니다.

그래서 그냥 전화로 얼마 대의 물건을 보내 달라고 하면 정중히 거절하고 직접 상담을 하러 오시라고 합니다.

이미 개발이 되어 있는 물건과 본인이 개발하여 되파는 것과는 상당히 큰 차이가 있습니다.

전자는 이미 매매가에 개발 이익이 포함되어 있는 것이고 후자는 매매가에 나의 노력과 비용을 더해서 다시 매각하는 방법입니다. 물론 후자가 훨씬 더 큰 이익을 볼 수 있습니다.

요즘 같이 주택 매매가 힘든 때는 주택을 사서 근린 생활 시설로 바꾸기만 해도 큰 시세 차익을 볼 수 있으며, 주택을 철거하고 근린 상가를 신축하면 훨씬 더 큰 시세 차익을 볼 수 있습니다.

개발을 하려면 기존 건물을 철거하여 새로운 건물을 짓든지, 기존 건물을 리뉴얼하여 임차인에게 맞는 건물로 개조하여야 합니다.

이런 과정을 아예 시도조차 할 엄두를 못 내는 매수자들이 있습니다. 매도자의 성향에 따라 다른 것이니 무엇이 맞고 틀리고의 문제는 아닙니다.

시중에 떠도는 얘기로 건축을 하면 10년이 늙는다고 합니다. 그래서 미리 겁을 먹는 매수자가 많이 있습니다.

물론 본인이 직접 개발을 하는 일이 쉬운 일은 아닙니다. 하지만 어려운 만큼 보람도 있고 투자 가치도 커지는 것입니다.

건축을 무조건 두려워하며 주저하는 매수자를 저는 이렇게 설득합니다.

저의 소개란에 이미 기술하였듯이 저는 건축 경력이 25년입니다.

대학교를 졸업 후 줄곧 건축 현장에서 현장소장으로 일했습니다.

메가박스 극장 공사를 주로 하였고 마지막 현장에서는 송도의 주상 복합 건물의 PM을 맡았습니다.

그때 도면을 보면 한 뼘이 넘을 만큼 도면이 두꺼웠습니다.

도면에 따른 시방서도 그만큼 두꺼웠고 미국 회사에서 감리를 보기도 했습니다. 그렇게 디테일 도면까지 완벽하게 그려져 있어도 당연히 현장과 다르고 재시공은 어느 현장이나 늘상 있는 일입니다.

이제 매수자들이 개발할 빌딩을 생각해 봅시다.

건축비는 2023년 기준 연면적 평수에 700만 원을 곱하면 맞아떨어집니다.

그런 기준이라면 대지 60평을 기준으로 건평은 30평 정도일 것이고 지하 1층, 지상 4층을 기준으로 한다면 30평 곱하기 5층 하면 150평이고, 거기에 700만 원을 곱하면 대략 10억 5,000만 원 정도가 됩니다.

물론 이것은 건축 현장 상황에 따라 전혀 다를 수 있습니다.
10억 정도의 건물을 신축한다면 예상 공기는 3~4개월이면 충분합니다.
이렇게 예상된 금액과 공기대로 건물이 완공된다면 건축주가 10년 늙을 일도 없습니다.

하지만 먼저 얘기하였듯이 **이 세상에 완벽한 도면은 없습니다.**

더군다나 이 정도 규모의 도면을 그리는 건축사는 그렇게 많은 도면을 그려 주지도 않습니다. 그러니 재시공은 당연하다고 생각해야 합니다.

**결국 부동산 개발에서 중요한 것은,
'얼마나 재시공을 줄이냐'로, 준공까지 쉽게 가느냐, 어렵게 가느냐의 키 포인트입니다.**

그래서 설계가 끝나고 시공이 시작되면 반드시 건축주, 설계자 그리고 현장소장 이렇게 세 명이 단톡방을 만들어야 합니다.

그 단톡방에 주요 공정 반장들이나 조언을 줄 수 있는 지인을 초대해도 됩니다.

그 후 건축주는 처음 한 달 정도는 마치 본인이 현장소장인 듯이 현장에 나가야 합니다.

이때가 좀 힘들지만 제일 중요한 일이고 반드시 해야 나중에 준공까지 편하게 갈 수 있습니다.

현장에 가서 그저 커피 돌리고 "잘해 주세요." 이런 식이 아니라 현장소장과 도면 하나하나 체크하며 현장과 안 맞거나 혹은 현장에서 바로 바꿀 수 있다면 바로 건축사에게 이야기해야 합니다.

시공 전 설계 변경은 얼마든지 할 수 있습니다. 비용 발생도 안 됩니다.

제일 조심해야 할 것이 건축주가 설계자를 너무 믿는 것입니다.

현장에서 계단 폭이나 높이가 본인의 판단에 이상하면 바로 수정을 요구하면 됩니다.
모든 시공이 끝난 후 현장소장에게 요구하면 그때부터는 진짜 건축주가 10년 늙게 됩니다.

현장소장 이하 모든 시공자의 생각은 같습니다.

빨리 이 현장을 도면대로 시공하고 돈 잘 받고 다음 현장으로 갈 생각만 하고 있습니다. 그래서 도면대로 다 끝냈는데 다시 뜯고 재시공을 요구하면 비용이 더 발생하고 공기도 늘어나는 것입니다.

현장 시공자들과 관계도 틀어집니다.

명심하십시오.

'시공 전 설계 변경을 충분히 하여 내가 원하는 건물이 되도록 노력하라.'

설계할 때도 주의할 점이 있습니다.

요즘은 인터넷으로 조금만 찾으면 본인이 원하는 느낌의 건물 사진을 충분히 확보할 수 있습니다. 아니면 주위의 건물을 둘러보고 원하는 건물 사진을 건축사에게 계속 보여 주고 어필하여야 합니다.

그리고 더 중요한 것이 있습니다.

'건물은 본인이 원하는 건물보다는 임차인이 원하는 건물로 설계하라.' 입니다.

건축사가 유명하고 상도 많이 타고 그런 것보다 공실이 나지 않을 건물 설계가 더 중요합니다.

창이 크고 1층은 칼라 유리가 아닌 투명 유리로 내부가 훤히 보이게 하고 간판 부착할 자리도 생각해 주어야 합니다.

벽면이 곡면보다는 직선이어야 간판을 달기 좋습니다.

본인이 원하는 디자인은 잠시 접어 두든지 아니면 아주 특별한 한 곳 정도만 살짝 그런 욕심을 부리고 더 중요하게 생각해야 할 것은 임차인의 마음입니다.

건물은 한번 준공하면 몇십 년은 그 자리에 있게 됩니다.

영원히 내 것이라고 생각하지 말기 바랍니다. 언젠가 이 건물을 다시 팔 것이라고 생각하고 다음 매수자에게 매력적인 건물로 만드는 것이 중요합니다.

본인이 계속 쓸 건물이 아니라면 너무 비싼 자재로 시공하지 말기를 바랍니다. 주택과 근린 상가는 다릅니다.

요즘 트렌드는 천정은 노출 천정에 바닥은 에폭시 마감만 하여도 임차인들이 좋아합니다. 임차인들이 그림을 그릴 도화지를 만든다고 생각하시기 바랍니다.

사옥 임대를 염두에 두고 설계한다면 무조건 E/V를 설치해야 합니다.

사옥을 임대하거나 매수하려는 CEO들은 무조건 본인이 최상층을 쓰고 싶어 합니다.

그런데 E/V가 없으면 무조건 매수를 기각합니다.

특히나 여성 CEO라면 더욱 그러합니다. 사옥 건물은 E/V와 주차 공간 확보가 필수입니다. 직원들을 위해서 역까지의 거리도 중요합니다.

빌딩을 찾기 전 좋은 공인중개사부터 찾기를

건축주가 된다는 것은 어쩌면 대단한 일입니다.

본인의 가치관이 녹아 있는 3차원의 구조물을 이 세상에 새롭게 탄생시키는 것입니다. 완공이 되어 그 건물을 바라보면 건축주만이 느낄 수 있는 감동이 있습니다.

물론 그동안 고생했던 생각도 많이 날 겁니다.

하지만 부동산 투자로만 본다면 내가 쏟은 금액과 열정보다 훨씬 많은 이익을 낼 수 있는 기회입니다.

그냥 남이 다 지어 놓은 건물에 수익률만 따져 매수를 하는 것보다 이렇게 개발을 하여 도전하는 것이 더욱 의미 있는 일이라고 생각됩니다.

18. 무조건 일조권에 맞는 설계를 하기 전에

부동산 투자를 해 보았거나 개발을 해 본 매수자는 **북쪽 도로**를 많이 찾습니다. 일조권 때문입니다. 왜 북쪽 도로가 유리한지는 바로 다음에 설명해 드리겠습니다.

때로는 용적률보다 일조권이 더 큰 규제가 되기도 합니다. 일조권을 네이버 지식백과에서는 이렇게 설명하고 있습니다.

최소한의 태양 광선, 즉 햇빛을 확보할 수 있는 권리를 말한다.

일반적으로 건물을 지을 때 인접 건물에 일정량의 햇빛이 들도록 보장하는 권리를 뜻하며, 인접 건물 등에 의해 햇빛이 충분히 닿지 못하는 경우 이로 인해 생기는 신체적·정신적·재산적 피해에 대해 보상을 청구할 수 있다.

일상 생활에서 자연의 혜택을 온전하게 누릴 수 있도록 하는 일종의 환경권에 해당한다.

도시의 과밀화, 고층건물의 증가와 함께 주거환경에 대한 관심 증대로 일조권이 새로운 삶의 질 문제로 대두되면서 주거지역에서의 일조권 분쟁이 빈번해지고 있는 추세다.

이를 막기 위해 건축법 등에서는 건물의 높이 및 인접 건물 간 일정 거리를 띄어야 하는 거리제한 등의 규정을 두고 있다.

법원의 판례에 따르면 통상적으로 일조권이 지켜지려면 동짓날을 기준으로 오전 9시부터 오후 3시 사이의 시간 중 일조시간이 연속으로 2시간 이상, 오전 8시부터 오후 4시 사이의 시간 중 총 4시간 이상 확보되어야 한다.

※ 일조권 보장을 위한 건축법상 건축 제한 (건축법시행령 제86조) (2014년 11월 11일 시행기준)

1. 전용주거지역이나 일반주거지역에서 건축물을 건축하는 경우에는 건축물의 각 부분을 정북 방향으로의 인접 대지경계선으로부터 건축조례로 정하는 거리 이상을 띄어 건축하여야 한다.
   ① 높이 9미터 이하인 부분: 인접대지경계선으로부터 1.5미터 이상
   ② 높이 9미터를 초과하는 부분: 인접대지경계선으로부터 해당 건축물의 각 부분의 높이의 2분의 1 이상 거리를 두어야 한다.[3]

---

3)   네이버 지식백과, https://terms.naver.com/entry.naver?docId=929520&cid=43667&categoryId=43667

간단히 설명하자면 내가 개발해야 할 대지의 바로 위 북쪽의 대지에 내 건물의 그림자가 침범하는 것을 방지하는 규제라고 생각하면 됩니다.

쉽게 확인하려면 네이버 지도를 보시면 됩니다.
네이버 지도를 보면 항상 위쪽이 북쪽입니다.

그러니 만약에 **북쪽에 도로가 있다면 그 도로 건너편의 대지까지 내 건물의 그림자가 도달할 수 없으므로 더 높은 건물을 지을 수 있게 되는 것**입니다.

길을 걷다 보면 오른쪽은 건물의 높이가 낮고 반대쪽은 높은 것을 볼 수 있습니다.

건물이 높은 쪽의 대지는 북쪽에 도로가 있기 때문입니다.

일조권은 주거지역에서만 적용되는 규제입니다.

상업지역은 일조권에 대한 규제가 없기 때문에 대지 경계선에서 50cm만 떨어져서 건물을 지을 수 있습니다.

그렇기 때문에 본인이 살고 있는 오피스텔이나 아파트가 상업지역에 있으면 오히려 주의하여야 합니다.

바다가 보여 전망이 좋다고 매수를 하였다가 얼마 후 본인의 건물 바로 앞의 낮은 건물이 갑자기 철거된 후 50층의 신축 건물이 건설될지도 모르기 때문입니다.

그렇게 되면 우리 집의 전망이 바다에서 앞의 건물로 바뀌게 될 것입니다.

창문 앞에 나대지인 땅에 어느새 건물이 올라오고 그 건물이 우리 집 창문에서 1m 정도로 가깝게 지어도 현행법에 어긋나지 않습니다.

반드시 내가 살고 있는 대지가 주거 지역인지 상업 지역인지 확인해 보시기 바랍니다. 건축물 대장 등으로 금방 확인 가능합니다.

건물 설계 시 건축사는 무조건 일조권에 맞는 설계를 할 것입니다. 당연한 것입니다.

하지만 내 집의 북쪽의 건물이 주택이 아닌 이미 개발된 근린 상가라면 일조권에 맞는 사선 건물이 아닌 반듯한 건물을 지을 수도 있습니다.

개발된 북쪽 건물은 대부분 임차인만 거주 중입니다. 임차인들은 일조권에 그렇게 민감하지 않습니다.

그러니 그 건물에 살고 있지 않은 임대인을 찾아가 합의 제안을 할 수 있습니다. 만약 합의가 잘 이뤄진다면 건축주 입장에서는 크나큰 혜택을 받을 수 있습니다.

최상단층의 면적이 대폭 늘어날 수 있고 무엇보다 건물이 반듯하여 향후 매도 시에도 큰 시세 차익을 볼 수 있습니다.

북쪽 건물주와 합의한 후 그 합의서를 가지고 담당 지자체에 승인을 의뢰해 볼 수 있습니다. 밑져도 본전이라는 마음으로 도전해 보시기 바랍니다.

19. 아파트보다는 내 이름으로 등기된 1평의 토지를

젊은 친구들에게 아파트를 사지 말라고 하면 다들 의아해합니다.
'그래도 아파트 한 채는 있어야 하지 않을까?'
대부분은 그렇게 생각할 것입니다.

물론 본인이 직접 살고 있는 아파트 한 채와 별도로 건물이 하나 더 있으면 좋겠지만 대부분은 아파트 한 채에 모든 재산이 들어가 있습니다. 주거의 안전성은 필요하지만 그로 인한 부동산 투자 기회 비용은 모두 없애는 것입니다.

물론 현금화가 바로 되는 아파트는 실거주로도, 투자 목적으로도 의미가 있습니다. 하지만 아파트는 언젠가는 현금화되기 힘들어지는 시기가 도래합니다.

설비는 노후화되어 살기 힘들어지고 바로 옆에 새로운 아파트가 지어지면 상대적인 가치 하락이 이뤄집니다. 재건축도 기대해 볼 수 있지만 쉬운 일이 아닙니다.

그것보다 아파트 매도를 하기 힘들게 하는 이유는 이미 그곳에 가족의 생활 터전을 잡았기에 쉽게 이사 가기 힘들다는 것입니다. 더구나 부모는 자식들의 학교 이전은 가급적 안 하려고 합니다.

저는 지인들에게 그 전에 빨리 아파트를 탈출하고 빌딩을 사라고 합니다. 다들 농담처럼 듣습니다. 하지만 몇 억의 종잣돈으로도 충분히 가능한 토지들과 빌딩이 있습니다.

한 필지를 1,000명이 나눈 아파트보다는 내 이름으로 등기된 1평의 토지를 가지려고 노력하시기 바랍니다.

지분이 쪼개진 토지는 내 마음대로 내가 원하는 때에 내가 원하는 가격으로 매도할 수 없습니다.
가끔 빌라를 매도하겠다고 반장쯤 되는 분이 오십니다. 하지만 대부분은 매도까지 성공을 못 합니다.

옆의 주택 소유자가 주택을 매도하여 50억대 부자가 되었다는 소문은 동네에 금방 돕니다. 갑자기 옆집이 철거되고 새로운 신축 건물이 올라오면 동네 모든 분들이 관심을 가지게 됩니다. 매도 가격에 놀라고 부러워하며 자기 집도 그렇게 팔고 싶어 합니다.

그러나 주택 바로 옆의 빌라는 팔고 싶어도 못 팝니다. 물론 빌라 한 호는 팔 수 있으나 그건 가치도 별로 없고 매수자도 안 생깁니다.

결국은 대지로 팔아야 하는데 빌라는 이미 대지가 10세대로 쪼개져 있습니다. 각각의 소유자 집안 사정이 전부 다르고 원하는 매가도 다르고 돈이 필요한 시점도 다르기 때문에 한마음으로 팔 수 없게 되는 것입니다.

빌라 세대원들과 회의를 하면 진행이 잘 안 됩니다.
각 세대마다 변호사, 세무사, 공인중개사인 아들딸이 한 명쯤 있습니다. 제가 어떤 얘기를 해도 본인 집안 사람 말을 우선 더 믿습니다.

"우리 둘째 아들이 변호사야. 더 확인해 보고 알려 줄게."
"우리 막내 올케가 공인중개사인데 다른 방법도 있다고 하던데요."
이러쿵저러쿵 합의가 안 됩니다.

거기에 각 세대별로 양도세가 상이하기 때문에 계약 후 용도변경하기도 힘들기 때문에 매수자를 찾기가 힘듭니다.

어느 집은 당장 팔고 싶어 하고, 어느 집은 그냥 남은 여생을 이곳에서 보내고 싶어 하는 분도 있습니다. 어쨌든 한 집이라도 마음이 바뀌면 매도는 이뤄지지 않습니다.

빌라나 아파트는 지어진 순간부터 노후화되고 있으며 아무리 좋아도 20년쯤 되면 설비의 노후화로 여기저기 하자가 생기기 시작합니다.

종로4가의 세운상가도 건립 당시에는 그 당시의 타워팰리스였고 한남 더힐이었습니다. 장안의 유력 인사들이 앞다투어 입주하였습니다. 1960 년 말에는 아주 멋진 건물이었습니다.

하지만 지금은 어떻습니까? 몇천 세대로 쪼개져서 재건축도 못 하고 있고 재건축 조합만 많이 생겨 이러지도 저러지도 못하고 있는 실정입니다.

개인적으로 세운상가가 하루빨리 재개발 사업이 되어 안전하고 편리하고 멋진 건물들로 개발되기를 바랍니다. 다행히도 오세훈 서울 시장이 세운상가 재개발에 많은 관심을 가지고 있어 곧 좋은 결과가 나올 것이라고 기대합니다.

며칠 전 신문을 보니 서울시에서 세운상가를 수용하여 뉴욕의 센트럴 파크처럼 멋진 공원을 만들고 주변은 고층 빌딩으로 개발한다고 합니다. 좋은 소식입니다.

이렇듯 세대가 분리된 필지는 사용 수익은 용이하겠지만 매매 후 현금화가 어렵습니다.

고객 중에 새로 가족을 일구려고 하는 신혼부부인데 아파트를 사는 대신 작은 건물을 사겠다고 오는 분들이 가끔 있습니다.
아주 현명한 생각입니다.

본인의 모든 재산을 평생을 갚아야 할 대출까지 있는 아파트 한 채에 올인하는 것이 과연 맞는 것일까요?

아니면, 같은 돈과 노력으로 부동산 투자를 해서 나만의 등기된 토지를 계속 키워 나가는 것이 더 나은 것일까요?

저는 당연히 후자라고 생각합니다.

20. 주택 임대보다 상가 임대를

똑같은 필지를 한 사람은 원룸으로 개발하고, 한 사람은 상가로 개발했을 때 장기적으로 어떤 임대인이 더 많은 수익과 유지·보수가 쉬울까요?

당연히 상가 임대인입니다.

주택은 준공되는 시점부터 가치 하락이 시작됩니다.

주택이 낡아 가면 임차인들은 당연히 주위의 신축 빌라로 옮겨 가게 됩니다. 오피스텔도 마찬가지입니다. 임대인이 제일 힘들어하는 것이 공실이며, 임대인에게 스트레스로 다가옵니다.

더 큰 문제는 임대인의 끊임없는 요구 사항입니다.
크게는 방수 문제일 수도 있고 사소한 변기 막힘도 임대인이 바로바로 해결해 주어야 합니다.

이런 사소한 문제를 주변의 공인중개사에게 맡기는 분들도 많습니다. 대신 그곳의 임대차 중개를 모두 맡기는 조건으로 합니다.

상가는 다릅니다. 상가의 임차인들은 새로 시작할 때마다 대부분은 인테리어를 하고 영업을 시작합니다.

임차인을 바꿀 때마다 건물이 새로워지는 효과를 보게 됩니다. 혹여 스타벅스 같은 파워 임차인이 입점했을 때는 시간이 갈수록 오히려 건물 가치가 상승하기도 합니다. 매도 시 유리합니다.

상가 임차인은 주택 임차인처럼 자잘한 요구 사항도 상대적으로 적은 편입니다. 대개는 임대인에게 얘기도 안 하고 임차인 스스로 해결합니다.

상권이 형성되어 있거나 상권이 형성될 곳이라면 주택보다는 근린 상가 개발을 적극적으로 하기를 바랍니다.

임대 수익으로 대출 이자를 갚으며 시세 차익을 노리는 투자자라면 주택 임대 사업보다는 상권이 잘 형성된 곳에서의 근린 상가 임대 사업이 훨씬 유리합니다.

또 다른 이유가 있는데 바로 주택 매도입니다.

원룸 빌라를 통매각하기는 쉽지 않습니다. 수익률도 얼마 나지 않을뿐더러 유지·보수 비용이 많이 들 것을 알기 때문에 매수자들이 찾지 않습니다.
원룸 빌라를 철거한 후 개발하려는 토지로 매수하는 경우가 더 많습니다.

원룸 빌라의 매도를 힘들게 하는 요인이 또 있습니다.

최우선 변제금이라고 들어 보셨나요?

대부분은 평생 한 번도 듣지 못할 단어일 것입니다.

최우선 변제금이란 정부가 소액 주택 임차인들을 위해 마련한 제도입니다.

경매가 시작되면 대부분의 소액 임차인들은 당황하고 최소한의 본인의 권리를 찾지 못합니다. 그래서 경락인에게 임대 보증금도 못 받고 쫓겨납니다.

그래서 정부는 임대 보증금도 못 받고 쫓겨나는 임차인들에게 최소한의 금액을 주어 주거 안정성을 보장해 주자는 취지로 만든 것입니다. 매년 그리고 도시냐, 농촌이냐에 따라 기준액이 달라 집니다.

은행 입장에서 보면 최우선 변제금으로 담보 가치가 줄어 들게 됩니다. 그래서 은행은 대출 시 방 하나당 2023년 서울 기준으로 5,000만 원씩 무조건 대출금을 줄입니다. 모두 알고 있듯이 은행은 조금도 손해 보려 하지 않습니다.

얼마 전 매수자가 탁감을 하여 대출을 알아보는데 고시원을 하던 곳이라 방이 26개였고, 대출금에서 26 * 5,000만 원 = 13억 원이 대출금에서 삭감되었습니다.

경매 후 방어권을 위해 방문을 걸어 잠그고 안 나오는 임차인에게 5,000

만 원을 줘야 나오게 할 수 있다는 계산입니다.

반면 근린 상가의 매도 시 최우선 변제금을 걱정하지 않아도 됩니다.

더 큰 문제는 2023년 현재 주택은 대출이 거의 안 나온다는 점입니다. 이것이 가장 큰 문제입니다.

근린 상가는 다릅니다. 매수자가 사업자 대출 80%를 받을 수 있기 때문에 훨씬 매력적으로 봅니다.

이런 이유로 주택 임대 사업을 하던 분들이 많이 찾아옵니다. 그동안 관리하던 모든 주택을 매도하고 큰 규모의 빌딩을 사고 싶어 합니다.
하지만 대부분의 주택 임대 사업자들은 위의 이유로 매도에 성공하기 힘듭니다.

지금은 임대하고 있는 주택이 있다면 어떻게 하든지 매도하여 근린 상가로 갈아타기를 권유합니다.

21. 부린이에서 1년 만에 중개법인 대표로

대학교를 졸업하자마자 건설 현장의 현장소장으로 25년을 일했습니다. 마감일을 맞추기 위해서, 수많은 노무자들의 안전을 위해서 며칠 밤을 꼬박 새며 피를 말리는 긴장감으로 그 세월을 보냈습니다.

1987년부터 시작했으니 한참 대한민국이 발전하던 때였습니다. 대우자동차 영업소부터 시작하여 삼성동의 코엑스가 전시 문화를 시작하던 때 매일 밤 새우는 것은 당연한 것으로 알고 일했습니다.

토, 일요일은 휴일이 아니었고 일요일 포함 일주일 내내 새벽에 퇴근하며 일했습니다. 그 당시에 건축 일을 한 분이 있다면 알 수 있을 겁니다.

그렇게 미친 듯이 일하면서 나름 뿌듯함도 많이 느꼈습니다. 1988년 서울 올림픽을 개최하고 1990년대부터 2000년대까지 대한민국의 건설 산업이 엄청나게 발전하던 때였고 거기에 저의 힘을 보탰다는 자부심이 있습니다.

1990년대 말에 피자헛 본사에서 직접 건축과 인테리어를 배우기 위해 본사가 있는 미국 위치타에서 1달 정도 연수를 하였습니다. 2000년대 초반에는 미국 뉴욕에서 1년 동안 건축 설계 회사 주재원으로 근무하며 많은 것을 배울 수 있었습니다.

생각해 보면 대한민국 1호점 공사를 많이 했습니다.
피자헛 1호점, 현대백화점 1호점, 애경백화점 1호점, 홈플러스 1호점, 삼성플라자 1호점, 메가박스 1호점 등….

이 기회들이 저에게 상권 분석을 자연스럽게 할 수 있는 능력을 키워 주었습니다. 공인중개사로 일하면서 생각해 보니 상권 분석에 정말 좋은 경력이었습니다.

그런 세월을 보내다가 2010년 가족이 살고 있던 호주로 이민 가려고 모든 것을 정리하고 이민 수속을 밟고 있었습니다. 마지막 단계이자 요식적인 건강 검진을 한국에서 받아 그 결과를 호주에 보내고 느긋하게 기다리고 있었습니다.

예상치도 못하게 호주 의사가 폐에 뭔가 있는 것 같으니 CT를 찍어 다시 제출하라고 했습니다. 그때까지만 해도 아무 걱정을 하지 않았습니다. 담배는 평생 피우지 않았고 정기적인 건강 검진을 받고 있었기 때문입니다. 최악의 경우 폐결핵 정도로 생각하고 있었습니다.

그러나 서울대병원에서의 최종 진단은 폐암 1기였습니다.

다행히 1기에 발견되어 수요일 수술을 하고 금요일 퇴원했습니다. 하지만 혈액 검사 시 발견된 암세포 한 개 때문에 항암 치료를 받아야 한다고 했습니다. 수술보다 저에게는 항암 치료가 훨씬 더 힘들었습니다.

이 모든 치료 과정을 무사히 마쳤으나 그동안 준비하던 호주 이민은 포기하였고 당장 어떤 일을 하며 살아가야 할지가 막막했습니다. 전과 같은 건축 현장소장이나 PM으로 일하기는 체력적으로나 정신적으로 더 이상 무리였습니다.

그때 제 나이가 45살. 2012년이었는데 그때 마침 외국인 도시 민박업이 생겼고 정부에서 게스트 하우스 개업을 장려하고 있던 때였습니다.

펑크록을 좋아해서 몇십 년째 크라잉넛, 노브레인의 친구였고, 홍대 펑크 밴드 모두를 알고 있었기에 게스트 하우스 운영은 어렵지 않았습니다.

오아시스 게스트 하우스를 운영하였던 8년 동안 행복했습니다.

저의 행복이 고스란히 게스트들에게도 전달되었는지 거의 모든 게스트들이 10점 만점의 후기를 써 줬고 그래서 트립어드바이저의 700여 개의 서울 전체 게스트 하우스 중에서 언제나 3위 안에 들었습니다.
AirBnb의 슈퍼 호스트라는 제도가 생긴 이후부터 한 번도 탈락되지 않고 유지되었습니다. 모두 저의 소중한 게스트들의 힘이었습니다.

빌딩을 찾기 전 좋은 공인중개사부터 찾기를

사실 그것보다 더 보람찼던 일은 개업한 지 1년 만에 서울시에서 호스트를 하고 싶은 사람을 위한 강의를 하게 해 줘서 폐업할 때까지 서울시, 문화관광부, 구청 등의 지자체에서 계속 강의를 했던 일입니다.

처음에는 이벤트처럼 한 번 불러 줬는데 청중들의 반응이 너무 좋아 폐업하기 전까지 몇 년을 계속 호스트를 하고 싶어 하는 청중들 앞에서 강의를 했습니다.

그림 2. 김홍직, 서울시 외국인도시민박업 사업설명회, 2014

그렇게 신나게 게스트 하우스를 운영하다가 코로나를 맞게 되었습니다.

저는 워낙 알려졌고 계속 정부가 주최하는 강의를 하였기에 법대로 한국인 손님은 한 명도 안 받고 외국인만 받으며 오아시스 게스트 하우스를 운영하였습니다.

코로나로 모든 해외 여행길이 막히니 게스트 하우스는 코로나의 직격탄을 맞았습니다. 그렇게 손님이 몇 달 동안 한 사람도 없어 아쉽게도 2021년 8월 오아시스 게스트 하우스를 폐업하게 되었습니다. 개업한 지 딱 8년째 되는 해였습니다.

폐업 후 홍대에서 신나게 몇 년 놀겠다고 마음먹고 있는데 건축 회사 다닐 때 직장 후배가 연락이 왔습니다.

"형님, 제가 홍대에 부동산 사무실을 오픈했는데 노느니 나와서 계시죠."

이런 제안을 하였고,
'그래, 노느니 후배 사무실에서 놀자.'

이런 마음에 출근을 하였습니다. 후배는 부동산 회사의 대표이지만 개업한 지 두 달밖에 안 된 상태였고 저는 그 당시 부동산의 '부' 자도 관심이 없던 때였습니다.

그 당시 저는 공인중개사도 아닌 중개보조원이었기에 고객들에게 관심도 못 받는 존재였습니다. 항상 주목을 받는 자리에 있다가 가장 말단이면서 아무도 봐주지 않는 중개보조원의 역할은 저에게 힘들었습니다.

빌딩을 찾기 전 좋은 공인중개사부터 찾기를

한 달쯤 다니다 안 나가겠다고 했습니다. 그런 대접을 받는 직업이라면 아예 집에서 쉬는 것이 더 나은 것 같았습니다.

그렇게 쉬다가 문득 이런 생각이 들었습니다.
'홍대역 대로변의 500억대 건물들은 도대체 누가 중개하는 걸까?'

후배에게 물어보니 공인중개사 자격증만 있으면 중개가 가능하다고 했습니다.

바로 저는,
"그럼 너는 빌딩 매매 중개를 해야지, 왜 이러고 있었어?"라고 말했습니다.

그날부터 전 그 당시 있던 회사가 빌딩 매매 중개를 어떻게 해야 할지를 고민했고 스스로 방법을 금방 찾았습니다.
그러나 그 당시 저는 한낱 중개보조원이었습니다.

현행법상 중개보조원은 아무것도 못 하게 되어 있습니다. 그저 물건지의 문이나 열어 주고 손님들이 사무실에 오면 커피나 타 줘야 하는 존재였습니다.

부동산 유튜브도 만들기 힘들었습니다. 공인중개사 자격증도 없는 사람이 부동산 유튜브를 한다는 것이 너무나 이상했습니다.

그래서 다니던 사무실을 바로 그만두고 4개월밖에 안 남은 공인중개사 자격증 시험에 매진하였습니다. 진짜 미친 듯이 공부하였습니다.

혹자는 공인중개사 시험은 쉬워서 아무나 따는 것 아니냐고 하지만 만만하게 볼 시험이 아닙니다.

매년 40만 명이 시험을 봐서 4만 명쯤 합격하는 시험이니 나머지 36만 명을 떨어뜨리기 위해 문제를 계속 꼬아서 냅니다. 80문제를 100분 안에 풀어야 하니 다섯 개의 지문을 다 읽기도 정신없는 시간입니다.

제가 그렇게 간절하게 합격을 원하고 미친 듯 시험 공부를 했던 이유는 자격증 합격 후의 밝은 길이 다 보였기 때문입니다.

그냥 자격증이나 따 볼까 하는 마음으로는 절대 1, 2차 동시, 초시 합격을 4개월 만에 하지 못했을 것입니다.

그렇게 합격을 하자마자 3주 만인 2021년 12월 28일 홍대에 빌딩인 부동산 중개법인을 개업하였습니다.

그때 제 나이 54살이었습니다. 굳이 제 나이를 밝히는 이유는 나이 드신 분들도 충분히 할 수 있다는 용기를 드리고 싶어서입니다.

제가 부린이에서 1년 만에 부동산의 전문가로 성공한 이유는 첫 번째,

빌딩을 찾기 전 좋은 공인중개사부터 찾기를

25년의 건축 경력입니다.

저는 땅만 보면 건물만 보면 자동적으로 머릿속에 예상 경비, 공사 기간, 어떤 식으로 개발해야 할지가 계산됩니다.

다른 공인중개사보다 건축이나 개발 쪽으로 더 넓고 깊은 시야를 가지고 있었던 것이 저의 가장 큰 장점이었습니다.

상권 분석도 오랜 사회 경험과 건축경력으로 자연스럽게 전문가의 식견을 가질 수 있었습니다.

나중에 기회가 되면 책을 쓰고 싶은 분야인데 우연히 시작하여 10여 년 이상을 연구하였던 진화심리학도 많이 도움이 되었습니다.

두 번째는 나이입니다. 제 나이 54살에 처음 중개업에 뛰어들었습니다.

초등학생 때는 박정희 정권이었고 그 이후 전두환, 김영삼, 김대중 등 역대 정권을 살아오면서 자연스럽게 부동산의 역사나 뒷이야기들을 알게 되었습니다.

부동산은 무엇보다 정권과 정책에 민감하므로 오히려 공인중개사의 나이 듦이 더 유리할 때가 있습니다.

20대, 30대 젊은이들에게 본인의 전 재산이 걸린 건물 매매를 맡기기에는 좀 불안할 것입니다.

세월의 힘을 가진, 조금은 나이가 있고 안정적인 공인중개사가 고객의 신임을 더 받을 수 있습니다.

저는 이렇게 1년 만에 중개법인의 대표가 되었고 여기서 멈추지 않을 것입니다. 계속 배우고 계속 가르치며 대한민국 중개업의 기준을 만들겠습니다.

그리고 건축 일을 할 때 항상 1호점을 공사했던 것처럼 대한민국의 1호 공인중개사 슈퍼스타가 되겠습니다.

22. 비공개 물건만 찾는 매수자

유독 비공개 물건만 찾는 매수자가 있습니다.

마치 비공개는 공개된 물건보다 가격도 저렴하고 조건도 좋을 것이라고 생각하는 경우가 많습니다. 아닙니다.

먼저 매도자가 왜 비공개로 물건을 내놓는지 알아야 합니다.

첫 번째 이유는 매도 후 갑자기 큰돈을 가지게 되는 사실을 주위에 알리고 싶지 않을 때입니다.

특히나 그 주변의 지가가 급등하여 엄청난 시세차익을 보게 될 경우입니다. 1억에 산 집을 50억에 매도하려고 하면 왠지 주위에서 욕을 먹을까봐 비밀로 하려 합니다.

두 번째는 기존 임차인과의 관계가 안 좋은 임대인일 경우입니다. 임차인이 미리 알게 되면 아무래도 곤란한 일이 생길 수 있기 때문에 임차인 몰래 매각하고 싶어 합니다.

때로는 공인중개사가 비밀로 하자고 권유하는 경우도 있습니다.

이런 경우는 공인중개사가 다른 공인중개사에게 알려지게 하지 않고 본인만 중개를 하고 싶은 욕심에서 비롯됩니다.

물론 정식으로 전속 중개 계약을 했을 경우는 다르지만 보통의 전속 중개 계약은 3개월이면 끝납니다. 계약 기간이 끝나도 전속 중개인 것처럼 얘기하는 공인중개사들이 많이 있습니다.

마지막으로 매도인이 수많은 공인중개사들의 연락에 지쳐서 비밀로 해 달라는 경우입니다.

개인적으로 이런 폐해를 어떻게 없애야 할지 많은 고민을 하고 있습니다.

물건이 시장에 나오자마자 강남의 수많은 공인중개사들과 중개보조원들이 매도자에게 엄청 전화를 하고 찾아가고 한마디로 난리가 납니다.

매도자에게 정중하게 편지를 보내는 것은 그래도 점잖은 방법입니다. 매도자가 편지를 읽고 생각이 없으면 그냥 버리면 되니까요.

그러나 전화와 방문은 매도자를 매우 힘들게 합니다. 심지어 몇몇 중개인들은 임차인들에게 한전 검침원이라고 속여서 임대인 연락처를 알아내는 방법을 쓰기도 합니다.

이렇게 되면 매도인은 심리적으로 굉장히 힘들어집니다.

빌딩을 찾기 전 좋은 공인중개사부터 찾기를

물건을 시장에 내놓고 매도인은 노심초사하게 됩니다.

본인의 전 재산이 움직이는 것이기에 신경이 곤두서게 됩니다.

그런데 공인중개사들이 끊임없이 전화를 하면 그 전화 한 통화, 한 통화에 삶이 흔들리게 됩니다.

일부 강남의 중개법인은 직원들에게 강제로 며칠에 한 번씩은 반드시 매도자에게 전화하고 기록하게끔 하고 안 그러면 다른 직원이 그 매도 물건을 등록하게 한다고 합니다.

이런 방법은 중개법인에게는 매도자를 계속 관리하여 좋을 수도 있지만 매도자에게는 최악입니다.

매도자에게 계속 전화해서 할 말이 없으니 가상의 매수자가 있다고 거짓말을 할 수밖에 없는 구조입니다. 그럴 때마다 매도자는 힘들어지는 것입니다.

전화를 받을 때마다 생각이 많아집니다.

'이 물건을 팔고 어디로 가야 할까?'

'계약이 된다면 잔금일까지 별다른 일은 안 생기겠지?'

'세금은 어떻게 처리해야 할까?'

이런저런 생각에 잠을 못 이루게 됩니다.

그래서 빌딩인은 매도자에게 거의 전화 안 합니다.

항상 매도자에게 이렇게 말합니다.

"매도 안 하는 것처럼 평상시의 삶을 사세요."

그리고 매수자의 매수 의지가 80% 정도 올라왔을 때 비로소 매도자에게 연락합니다.

이와 같이 비공개 매물이 매수자에게는 항상 유리한 조건으로 다가오는 것이 아닙니다.

매도자의 여건에 따라 공개, 비공개 물건으로 나눠지는 것이니 매수자는 굳이 비공개 물건만 찾으려 하지 말고 나에게 맞는 모든 물건을 잘 살펴봐야 할 것입니다.

23. 무조건 공적 장부만 믿어야 한다

공인중개사 일을 시작하면서 습관 하나를 새로 만들었습니다.

무조건 대한민국 정부에서 인정한 공적인 서류, 즉 공부만 믿는 것입니다.

"이 사람은 믿을 만한 사람이다."
"이 사람은 나와 인연을 맺은 지 20년이 넘은 사람이다."
"이분은 내가 잘 아는 선생님의 사돈이다."

이런 얘기들은 이제 한 귀로 듣고 한 귀로 흘립니다.
제가 오로지 믿는 것은 정부에서 발행한 공부입니다.

심지어 공부 중 하나인 등기부 등본도 대한민국 법률에서는 등기의 공신력을 인정하고 있지 않습니다.

등기관은 조작된 서류를 가져와서 등기를 요청해도 그 서류의 위조 여부를 입증할 의무가 없습니다. 그래서 등기로 사기를 당하여도 등기관이나 정부를 상대로 소송할 수 없습니다.

물론 대한민국 등기 제도가 일제 때 생겼고 6.25 전쟁으로 소실도 많이 되어 누락이나 오기가 남아 있을 수도 있지만 정부가 관리하는 등기는 이제는 공신력이 있는 서류로 만드는 법안을 만들든지, 영미권처럼 아예 등기 제도가 아닌 공증 제도로 국민의 재산권을 확실하게 지켜 주는 방향으로 바꿔 가야 한다고 생각합니다.

공신력이 있든 없든 공인중개사들의 판단 기준은 공부입니다.
법적으로도 공인중개사는 공부를 매수자에게 정확하게 설명할 의무가 있습니다.

부동산 투자는 누군가의 전 재산이 이동하는 것입니다. 그걸 공인중개사는 꼼꼼하게 정리하여 안전하게 이동하게 만들어 주어야 하는 것입니다.

이렇게 중요한 때에 매수자, 매도자의 말만 믿고 중개할 수는 없는 일입니다. 그럴 때 기준이 되는 것이 공부입니다.

물론 토지 대장의 면적이 실제 측량 면적과 다를 수 있습니다.

그래서 계약서의 특약 사항으로,
"현 시설물 상태의 중개이며 실제 면적이 공부상의 면적과 다를 시에도 매도자와 매수자는 이의를 제기하지 않는다."라는 조항을 꼭 삽입합니다.

빌딩을 찾기 전 좋은 공인중개사부터 찾기를

얼마 전에 매도자가 100억대 물건을 매매하여 달라고 의뢰를 하였습니다. 현장 확인 후 사진 촬영을 하고 등기부 등본을 확인한 후 깜짝 놀랐습니다.

수십 개의 임차권이 설정되어 있고 가압류, 가처분에 경매 등기까지 되어 있었습니다.

바로 매도 물건 등록을 철회하였습니다.
이런 경매 직전의 위험한 물건을 매수자에게 권할 수는 없는 일입니다.

물론 매도자는 저에게 이런 사실을 전혀 이야기하지 않았습니다. 매도자도 그렇고 매수자도 본인에게 불리한 사항은 가급적 숨기려고 합니다. 그들의 잘못이 아닌 인간의 고유한 습성입니다.

이런 경우가 있기는 합니다.
경매를 진행하고 있는 대출 기관에서 저에게 경매 등기는 되었지만 실행되기 전에 매수자가 나타나면 적극적으로 매도에 협조하겠다는 연락도 옵니다. 이때는 그 매도 물건을 매수자에게 적극 권유합니다.

매도자, 매수자가 언제나 모든 것을 알려 주지 않을 수 있기 때문에 공인중개사는 중심을 잘 잡아야 하고 그 중심의 기준이 되는 것이 바로 정부에서 발급하는 공부인 것입니다.

신축 중인 건물을 준공이 되기 전에 매도 의뢰하기도 합니다.

빌딩인은 이런 경우에 매도 물건 등록을 가급적 거절합니다. 공사 완료 후 준공이 다 되어 건축물 대장이 발급되었을 때 다시 의뢰해 달라고 합니다.

제가 직접 건설 현장소장으로 25년을 일해 봤기에 이런 사항을 잘 알고 있습니다.

준공이 떨어지기까지 현장에서만 알 수 있는 일들이 너무나 많이 있습니다.

노무자들의 임금이 밀렸을 수도 있고 밖으로는 드러나지 않는 중대한 하자를 안고 있을 수도 있습니다. 이런 경우 유치권이 행사될 수도 있고 임금을 받아야 한다고 노무자들이 건물 앞에서 계속 시위를 벌일 수도 있습니다.

설계의 중대한 잘못으로 소방법 등에 저촉되어 준공이 안 나올 수도 있습니다. 건축사가 설계 시 지구단위계획을 잘못 파악하여 건물의 원하는 용도를 제대로 사용하지 못할 수도 있습니다.

이런 모든 것을 현재의 건축주, 즉 매도자는 깨끗하게 해결하고 매매를 하여야 매수자 입장에서 정확한 물건으로 매수할 수 있는 것입니다.

공부도 공부만의 고유한 특색이 있습니다. 각 공부만의 기준이 있습니다.

예를 들자면 등기와 토지대장의 소유자가 다를 때는 무조건 등기 기준입니다. 토지대장과 건축물대장의 대지 면적이 다를 때는 무조건 토지대장 기준입니다.

하루빨리 모든 공부의 전산이 통합되어 하나의 공부만 바뀌면 전부 바뀌는 시스템으로 변하였으면 합니다.

하지만 바로는 안 될 듯합니다. 나머지 공부는 행정부 소관인데 등기부 등기는 사법부 소관이고 사법부는 절대 그 권한을 안 내놓을 것이기 때문입니다.

이럴 때는 삼권 분립이 좀 원망스럽기도 합니다.

모든 정보가 행정부로 통합되면 가능성 있는 일입니다.

이건 조금 다른 이야기인데 유독 등기부 등본만 자기 컴퓨터로 확인만 하려 해도 수수료를 내야 한다는 것을 알고 계십니까?

다른 모든 공부는 무료입니다.

왜냐하면 모든 정보는 국민들 것입니다. 서류를 떼도 집이나 사무실에서 본인의 컴퓨터와 프린터로 인쇄합니다. 예전처럼 행정기관에서 띠지 않기에 공무원의 인건비도 안 듭니다. 그래서 당연히 무료입니다.

하지만 등기부 등기만 유료고 매년 사법부는 수수료로만 몇백 억씩 벌고 있습니다.

이 문제도 정부는 심도 있게 논의하여 당연히 무료로 해야 합니다. 그래야 국민들이 쉽게 등기부 등본을 언제, 어디서나 무료로 확인할 수 있고 전세 사기 등을 사전에 예방할 수 있을 것입니다.

본론으로 돌아와서 다시 한번 강조합니다.
공인중개사는 사람의 말보다 무조건 공부만 믿어야 합니다.

24. 시장에 나온 지 오래된 물건

부동산 매매 전문 앱을 보면 물건 등록일이 적혀 있습니다.

매수자 중에는 등록일을 굉장히 따지는 분들이 있습니다. 1년 이상 시장에 나온 물건은 안 보겠다고도 합니다.

매수자가 없이 오래 시장에 나온 물건은 그만큼 가치가 없다고 생각합니다. 아닙니다.

부동산, 특히나 대지와 건물은 각각의 역사가 있고 어떻게 사용하느냐에 따라 전혀 다른 물건으로 보이게 됩니다.

아파트는 내부가 똑같습니다.

층이나 동의 위치에 따라 약간의 가격 변동이 있을 수 있지만 시세라는 것이 존재하고 그 시세에서 거의 벗어나지 않습니다. 그 이유는 면적과 구조가 똑같고 사용 목적이 대동소이하기 때문입니다.

대지나 건물은 그대로 사옥으로 사용할지, 임대 수익용으로 사용할지, 건물을 모두 철거하고 새로운 신축 대지로 사용할지, 아니면 살짝 손만 보는 리뉴얼을 할지 매수자의 의향에 따라 값어치가 달라지게 됩니다.

매수자가 안 나타났다고 그 건물이 나쁘다는 선입견을 버리고 본인이 찾는 조건에 하나하나 맞춰 보기를 바랍니다.

매도 물건을 처음 등록할 때 그러면 안 되지만 공인중개사 나름대로의 좋은 물건인지 아닌지 기준을 만들기도 합니다.

얼마 전 매도 물건을 등록하려고 물건지에 가 보았는데 신축 빌딩이기는 한데 임차인들이 볼 때는 매력적으로 다가오지 않아 보였습니다.

필로티 구조로 1층에 주차장을 만들려고 하다 보니 제일 중요한 1층 면적이 작았고 통창이 아니어서 내부에서 바라보는 전망이 좋지 않았습니다.
더구나 골목에서 세 번째 빌딩이라 이 물건을 원하는 매수자를 빨리 찾을 수 없을 것 같았습니다.

예상대로 그 물건은 1년이 넘도록 매수자를 만나지 못했습니다.
그러다가 어느 여성분이 사옥을 구하려고 찾아왔습니다.

처음엔 이 물건은 소개도 안 하였고 다른 물건을 계속 같이 보러 다녔는데 주차장이 없는 등의 이유로 정하지 못하고 있었습니다.

마지막으로 이 물건을 보러 갔는데 매수자는 이 물건을 보자마자 계약하겠다고 했습니다.

이유는 일단 주차가 2대가 가능하였고 무엇보다 작지만 엘리베이터가 있어서였습니다.

사옥을 사려는 대표는 무조건 꼭대기 층에 집무실을 꾸미고 싶어 합니다. 그런데 엘리베이터가 없으면 매일 5층을 오르락내리락 해야 하니 포기하는 것입니다. 특히나 여성분은 더 그런 성향이 있습니다.

그분은 본인이 찾는 조건에 부합하였기에 쉽게 결정할 수 있었습니다. 물론 100% 만족하는 건물을 찾기는 힘들 겁니다. 본인이 직접 설계하고 신축하여도 마찬가지입니다.

그러나 건물의 장점과 단점을 잘 살펴보고 최선이 아니면 차선이라도 빨리 선택하는 것이 중요합니다.

시장에 나온 지 오래되었든 안 되었든 그것을 따지기 전에 본인에게 맞는 물건인지 아닌지를 먼저 따져야 합니다.

25. 연희동의 잠재력

지금도 그렇지만 20년 전만 해도 연희동은 접근하기조차 힘든 고급 동네였습니다.

두 명의 전직 대통령의 사저가 있어 골목골목마다 초소가 있었고 조금만 서성거려도 바로 불시 검문을 당했습니다.

그 당시 연희동은 도둑이나 강도가 한 명도 없는 전국에서 제일 안전한 동네라는 우스갯소리도 있었습니다.

그런 연희동에 지금 하나둘 폐가가 늘어나고 있는 중입니다.

1세대들은 연희동에서 그동안 너무나 잘 살았습니다.

그러나 2세대부터 문제가 생깁니다.
상속을 받은 2세대는 당연히 연희동의 200여 평의 집에서 살고 싶어 하지 않습니다.

200여 평의 잔디를 관리하고 집을 유지, 보수한다는 것은 생각보다 더

빌딩을 찾기 전 좋은 공인중개사부터 찾기를

힘든 일입니다.

특히나 며느리들은 당연히 그런 곳에서 살고 싶어 하지 않습니다.

그래서 팔고 싶어 하는데 안 팔립니다. 왜냐하면 1종 전용주거지역이기 때문입니다.

매수자 입장에서 생각해 보십시오.

매수자는 30년 된 주택은 관심도 없습니다.

당연히 모두 철거하고 200평의 대지에 적어도 건평은 100평쯤 되고 5층 정도 되는 빌딩을 신축하고 싶어 합니다. 그런데 그게 안 됩니다.

1종 전용주거지역의 용적률은 100%입니다.

2종 일반주거지역은 200%인데 그러면 반 정도 크기의 건물을 신축할 수 있을까요?

아닙니다. **부피는 8배나 차이가 나기 때문입니다.**

200평의 대지에 고작 50평 크기의 2층 건물만 신축 가능합니다. 25평으로 건평을 줄이면 4층까지 가능하기는 하지만 이렇게 신축하여서는 도저히 수익을 맞출 수가 없습니다.

주택은 그 정도 크기도 괜찮지만 상가 임차인을 구해야 하는 임대인 입장에서는 개발 이익을 낼 수 없는 구조입니다.

더 큰 문제가 있습니다.

1종 전용주거지역에서는 주류 판매를 할 수 없습니다.
그러니 임차인들은 그런 지역을 꺼리게 되는 입니다.

현재 연희동의 주택을 리뉴얼해서 근린으로 바뀐 건물의 업종을 보면 거의 모두 사옥으로 사용하거나 아니면 스튜디오나 갤러리로 사용하는 이유가 그것입니다.

몇십 년 전 연희동 살던 주민들은 연남동 쪽은 쳐다보지도 않았습니다. 약간 무시하던 경향도 있었습니다.
주민 편의 시설이나 도로 상태, 상권 등 상대가 안 될 정도로 예전의 연남동은 낙후되어 있었습니다. 그러나 지금은 어떠합니까? 완전히 역전되었습니다.

오히려 지금은 연희동 주민들이 연남동 주민들을 엄청 부러워합니다. 토지 평 단가가 두 배 이상 차이 납니다.

물론 연남동이 경의선 숲길과 홍대역 3번 출구로 활성화되었지만 연남동과 연희동의 지금 격차를 만든 근본적인 이유는 바로 1종과 2종입니다. **바로 용적률의 차이입니다.**

전직 대통령이 살 때는 용적률이 그렇게 중요하지 않았습니다.

　　　　　　　　빌딩을 찾기 전 좋은 공인중개사부터 찾기를

50평 건평의 2층 주택이라면 충분했으니까요. 하지만 근린 상가로 개발하려고 하면 문제가 커집니다.

용적률 200%가 최소한의 개발 마지노선이기 때문에 1종으로는 매매가 거의 이뤄지지 않습니다.

연희동의 1종 전용주거지역을 원하는 사람이 누가 있을까요?

연희동 주민들?

서울시?

서대문구 구청?

개발을 원하는 매수자?

아마 아무도 없을 것입니다.

서대문구 구청 입장에서 보면 부동산 거래가 거의 없어 세금이 하나도 안 걷히는 상황보다는 마포구처럼 세금도 많이 걷히고 그래서 주민 편의 시설도 마음껏 해줄 수 있는 2종으로 종상향되기를 간절히 원할 것입니다.

종상향은 서울시 의회에서 조례로 변경할 수 있습니다.

서울시도 서대문구청도 주민들도 원하는 2종 상향은 곧 되리라 믿습니다.

종상향이 되고 이미 2022년 3월 3일 오세훈 시장이 2040 서울기본도시계획에서 발표했던 것처럼 경의선 수색역부터 신촌역까지 지하화된다면 연희동은 폭발적으로 발전할 것입니다.

그래서 매수 고객들에게 연희동을 주의 깊게 보라고 계속 권유하고 있습니다.

이 책을 읽는 분들도 연희동의 잠재력에 대해 생각해 보고 시간이 되면 임장을 통해 연희동이 어떻게 변할지 상상해 보기를 바랍니다.

빌딩을 찾기 전 좋은 공인중개사부터 찾기를

26. 1년 이상 찾으면 우울증에 걸린다

얼마 전 사무실 근처의 길을 걷고 있는데 누가 반갑게 인사를 했습니다. 솔직히 저는 누구인지 기억이 잘 안 났습니다. 이런저런 얘기를 해 보니 1년 전 매수를 하겠다고 해서 만났던 분이었습니다.

1년이 지난 지금도 물건을 찾고 있다고 했습니다.

새로운 물건을 보겠다고 해서 빌딩인에서 상담을 하였습니다. 상담을 하며 느꼈는데 '이분은 이제 매수하기 힘들지 않을까?' 하는 생각이 계속 들었습니다.

하도 많은 물건을 오랫동안 지속적으로 보다 보니 대부분 물건의 속 내용도 파악하고 있었습니다.

언제 얼마에 팔렸고, 다시 매물로 나왔고, 어쩌면 저보다 더 많은 물건의 뒷이야기까지 알고 있었습니다.

그분은 매도 물건을 공인중개사에게 소개 받으면 그 물건지를 혼자 가서 그 근처의 부동산에 그 물건에 대해 물어보고 이런저런 얘기를 듣는 식으로 조사를 하고 다닌다고 했습니다.

그러면 오히려 정확하게 판단을 내릴 수가 없습니다.

공인중개사는 본인의 물건이 아니면 당연히 단점만 부각해서 이야기할 것이고 은근히 본인이 가지고 있는 중개 물건을 소개할 것입니다.

이런 식으로 계속 **물건의 단점만 보게 되면 절대 제대로 된 물건을 고를 수 없습니다.**

그 매수자는 그렇게 계속 매도 물건만 확인하며 굉장히 힘들어하였습니다.

왜냐하면 1년 전에 보았던 매물은 벌써 누군가에게 매도되었고 그 물건이 다시 시장에 10억 넘게 올려서 나온 것을 계속 지켜보며 "아, 내가 작년에 이걸 샀어야 했는데. 아니, 저걸 샀어야 했는데." 하면서 마치 자기가 그 부동산의 소유주가 되었던 것 같은 착각을 하게 되는 것입니다. 그러면서 안 해도 될 후회를 하는 것입니다. 이렇게 계속 후회만 하다가 결국은 나중에 팔지도 못할 엉뚱한 물건을 사게 됩니다.

이런 매수자도 있습니다. 매수 조건을 종이 가득 적어 오신 분이었습니다. 물론 디테일한 매수 조건을 알려 주면 공인중개사 입장에서는 조건에 맞는 물건을 보다 빠르게 찾아 줄 수 있다는 장점이 있습니다.

빌딩을 찾기 전 좋은 공인중개사부터 찾기를

반면 그렇게 수많은 매수 조건을 가지고 찾다 보면 당연히 100% 딱 맞는 물건은 이 세상에 존재하지 않기 때문에 결정하기 힘듭니다.

역시나 그 매수자는 이 물건은 이 조건에 안 맞고, 저 물건은 이 조건에 안 맞고 하며 결정하지 못하고 있습니다.

역세권, 북쪽 도로, 사거리 코너, 8m 도로 이상, 60평 이상, 평 단가 저렴, 명도 용이, 수익률 5% 이상, E/V 설치, 상태 양호, 주차장 4대 이상 등등.
이 모든 조건을 충족시켜 주는 물건은 당연히 없습니다.

물론 매수 시 신중하게 결정해야 합니다.

그러나 그 신중함이 너무 길어지면 부동산의 특성상 내가 보았던 물건들의 가치가 마구 오르는 것을 보면서 오히려 조급해져 장고 끝에 악수를 두게 됩니다.

계속 이야기하지만 물건을 찾을 때 **믿을 만한 공인중개사를 먼저 찾아서 신중하지만 정확하고 빠르게 결정하는 것이 제일 중요합니다.**

27. 현금화 안 되는 부동산은 오히려 짐이다

매수자 상담 시 제일 강조하는 말이 있습니다.

"부동산은 살 때가 중요한 것이 아니고 팔 때가 중요한 것입니다. 탈출을 어떻게 잘해야 하는가가 제일 중요합니다."

저에게 많은 분들이 건물주가 되려고 찾아옵니다.

그리고 다른 공인중개사들에게 듣지 못한 이야기들을 많이 듣고 갑니다. 그중에 가장 중요한 말이 이것입니다.

대부분의 공인중개사들은 무조건 중개 계약만 하려고 애씁니다. 당장 사면 모든 게 다 해결될 것처럼 말합니다. 굉장히 위험한 중개입니다.

물론 공인중개사는 계약만 성사되면 맡은 바 임무는 끝나지만 매수자가 다시 매도자가 되어 다시 잘 팔 수 있는 물건을 소개해야 합니다.

현금화 안 되는 부동산은 오히려 짐이 됩니다.

당장 오늘 몇 개의 물건을 임장해 보고 최종 선택 시 단순히 평당 단가가 싸다고 혹은 현재 수익률이 높다고 덜컥 계약했다가 평생 짐으로 남을 부동산을 보유하게 될지도 모를 일입니다.

지금 당장 사는 것에만 집중하지 말고 3년 후에 내가 이 물건을 시장에 매도 물건으로 내놓았을 때 제때 잘 팔릴 것인지를 먼저 생각해야 합니다.

제가 3년 후 매도라고 이야기하는 이유도 양도소득세 부과 시 3년 보유부터 장기 특별 공제가 시작되기 때문입니다. 물론 그 전에 매도하여도 되지만 그럴 때는 양도세 계산도 미리 해 보시기 바랍니다.

다시 본론으로 돌아와서 2년 전 연남동의 구옥을 매수 후 개발하려던 분이 결국 결정을 못 하고 연락이 끊겼는데 얼마 전 연락이 왔습니다.

구하던 연남동보다 평당 단가가 낮은 지역의 구옥을 사셨다고 했습니다. 그 후 구옥을 철거하고 새로 건물을 올리려고 설계를 마쳤고 허가까지 끝냈는데 덜컥 겁이 나셨다고 저를 찾아왔습니다.

평당 단가가 연남동보다 500만 원 싼 것이 2년 전이었는데 현재 그 지역은 그 금액 그대로이고, 연남동은 2년 사이 평단 단가가 2,000만 원이 더 올랐습니다. 그것을 보며 여기를 개발해야 할지 고민하고 있었습니다.

일단 설계부터 보정해 주었습니다. 근린 상가의 설계는 설계자의 영혼이 그렇게 많이 들어갈 필요가 없습니다. 이 내용은 후에 자세히 설명하겠습니다.

　항상 얘기하듯이 건물은 지금 살 때 조금 저렴하다고 혹은 좋은 임차인
이 현재 있다고 지금 수익률이 높다고 바로 결정하지 말기 바랍니다.

　여기저기 본인에게 등기된 토지가 많다고 자랑할 일도 아닙니다. 그 토
지로 개발 이익을 가질 때, 그리고 그 토지를 시세 차익을 많이 보고 매도
하였을 때 그때가 자랑할 때입니다.

　**공인중개사는 매수자에게 3년 후 그 건물의 상권이 어떻게 변할지, 그
래서 가격은 얼마 오를지를 계산하여서 권유하시고 매수자는 지금보다 3
년 후를 생각하시기 바랍니다.**

28. 구분 상가 분양, 오피스텔 분양은 피하라

구분 상가나 오피스텔 분양 광고를 보면 거의 대부분이 7% 이상의 수익률을 보장한다고 합니다. 그렇게 광고를 하는 분양팀은 분양이 끝나면 모두 사라집니다.

계약 시 그렇게 좋다고 지금 당장 계약해야 한다고 하던 사람들은 모두 떠나 버리고 빈 분양 사무실만 덩그러니 남는 것입니다.

저는 부동산 투자를 하려는 사람들에게 항상 얘기합니다.
상가 분양이나 오피스텔을 투자용으로 매수하지 말라고 말입니다. 대단히 위험한 투자입니다.

일단 구분 상가 분양부터 이야기하자면 상가 하나를 내가 가지고 있고 그 상가에 임차인이 계속 유지된다고 하더라도 본인 혼자만이 그 상가 전체를 어떻게 할 수 없습니다.

모든 상가 중에 10%만 분양이 안 되었든지 임차인을 못 구해서 빈 상가가 있다면 곧 나머지 상가의 임차인도 나가려고 해서 모든 상가가 공실이 될 우려가 큽니다.

왜냐하면 드문드문 공실이 있는 상가에 굳이 들어가고 싶은 소비자는 없으니까요.

저는 오래전에 신촌 기차역을 새로 개발하여 신촌 밀리오레가 만들어질 때 그곳에 있던 신촌 메가박스 현장소장을 하였습니다.
개업을 하고 신촌 밀리오레가 잘될 줄 알았지만 얼마 전에 지나가다 보았더니 거의 폐업 직전이더군요.

처음 개업 시에는 그렇지 않았을 겁니다.
하지만 한두 집이 폐업을 하면 점점 다른 가게들도 장사가 안 될 것이고 부담해야 할 관리비는 더 올라서 결국 전 매장이 폐업하는 악순환이 벌어지게 되는 것입니다.

이렇듯 구분 상가는 본인 혼자 어떻게 해결할 수 있는 문제가 아닙니다. 그리고 그렇게 공실이 되었을 때는 다시 매각하기도 힘들어집니다.

처음 분양 받을 때 분양팀은 수익률 7%를 보장한다고 하였을 지 모르겠지만 이미 그들은 다른 분양팀을 꾸려 나갔고 그런 약속을 보장해 줄 누군가는 어디에도 없기 때문입니다.

전에도 얘기했지만 현금화가 안 되는 부동산 투자는 실패한 투자입니다.
상가 분양은 적은 돈으로 쉽게 투자할 수 있고 중도금 잔금도 대출이 되어 좋다고 생각할 수 있지만 공실인 경우 오롯이 본인이 대출 이자를 갚아야 하며 대출금을 다 갚아도 팔 수 없을 때는 그것처럼 골치 아픈 일이 없기 때문입니다.

오피스텔의 문제는 임차인부터 비롯됩니다.

보통 오피스텔의 임대는 단기로 계약합니다.
1년, 2년 계약이 끝난 후 임차인은 꼭 그 오피스텔에 살아야 할 이유는 없습니다. 임차인은 당연히 새로 신축한 오피스텔에 끌릴 것입니다.

본인이 분양 받은 오피스텔은 주택이 그렇듯이 사는 순간 감가상각이 생기며 가치는 날이 갈수록 떨어지게 됩니다.

그렇게 공실이 생기면 매도도 힘들어지고 새로운 임차인을 구하기도 힘들어집니다.

처음 분양 받을 시 분양 담당자가 자신하던 수익률은 이미 물 건너가게 되는 것입니다. 거기까지 가게 되면 매도도 힘들어집니다.

그래서 상가 분양이나 오피스텔 투자는 장기보다는 단기로 치고 빠지는 전략을 써야 합니다.

시장은 계속 변할 것이고 상가는 오피스텔의 미래 가치는 확실한 보장을 할 수 없으니 가급적 시세 차익을 보고 매도할 수 있을 때 빨리 탈출하시기 바랍니다.

오피스텔 투자의 큰 단점 하나가 또 있습니다.
오래된 오피스텔은 아파트와 달리 재건축의 실익이 전혀 없습니다.

아파트의 재건축은 무조건 용적률 상향 정책과 같이 갑니다.

조례 등으로 용적률 상향이 힘들 때는 아파트 소유자들이 데모를 해서라도 용적률을 상향시키고 재건축을 하려고 합니다.

일반 분양률이 얼마나 많이 나오냐에 따라 재건축의 성패가 갈리기 때문입니다.

만약 일반 분양을 얼마 하지 못할 경우에는 원래 살던 조합원들이 재건축 비용을 모두 떠안아야 해서 재건축의 실익을 볼 수가 없습니다.

오피스텔은 보통 상업지역에서 개발하기 때문에 이미 상업지역에 용적률 800% 이상을 받은 건물이며 아파트보다 소유권 분리가 더 많이 된 상태이기 때문에 재건축의 실익이 거의 없게 됩니다.

실제로 오피스텔은 재건축이 거의 일어나지 않습니다.

그러므로 대학가의 전철역과 직접 연결되는 초역세권 오피스텔 이외에는 투자 목적으로 사는 것은 한 번 더 재고하기 바랍니다.

29. 건물주가 되려면 사자의 심장이 필요하다

상담을 하다 보면 많은 고객들과 만납니다.

이미 부동산 투자를 많이 해 보신 분들도 있지만 처음 건물을 사려는 분들이 대부분입니다. 혹은 아파트나 빌라 투자를 조금 경험해 보고 상가 건물 투자를 하고 싶어 오시는 분들이 많이 오십니다.

아파트 투자는 상가 건물보다는 투자 시 확인해야 할 것이 상대적으로 적습니다. 아파트는 거의 동일한 평수에 시세라는 것이 있어 투자 시 성공과 실패의 간극이 좁습니다.

상가는 다릅니다.

확인해야 할 사항도 아파트 보다 월등히 많지만 제일 다른 것이 바로 개발 비용과 개발 방법입니다.

이미 개발이 되어 있어 임차인이 다 맞춰진 건물을 살 수도 있지만 그렇게 되면 그 물건에 이미 개발 이익이 모두 포함되어 있어 탈출 시 시세 차익을 크게 보기 힘듭니다.

그래서 대부분의 매수자들은 구옥을 매수하여 리뉴얼하거나 철거 후 개발하려고 합니다.

그때부터 매수자들은 신경 써야 할 것들이 한두 가지가 아니게 됩니다.

취득세 등 각종 세금과 중개보수, 등기 이전 등 수수료를 모두 정리하여야 하며, 기존 임차인을 모두 파악한 후 계속 임대를 할지 명도를 할지도 결정하여야 합니다.

그 후 건축사를 만나서 설계를 완성시켜야 하고 그 설계로 지자체에 건축 허가도 내야 합니다.

그 후 시공사를 선정하여야 하고 시공이 잘되는지 계속 확인해야 합니다.
그 후 건물이 완공되면 새로운 임차인들을 구하든지 아니면 바로 매도하려면 시장에 매도 물건으로 광고도 시작해야 합니다.

건물주에게는 이런 일련의 과정 중에 혼자 오롯이 견뎌야 하는 가장 큰 일이 있습니다.

바로 자금 흐름 관리입니다.

그 누구도 충분한 예산을 미리 확보하고 투자하지 않습니다. 은행 대출을 통한 레버리지 효과를 100% 활용하려고 합니다.

이 지점에서 누군가는 뚝심 있게 한번 해 보겠다는 의지로 밀고 나가 좋은 결과로 이어지지만 혹은 지레 겁을 먹고 시도조차 못 하는 사람들이 더 많습니다.

본인은 사자의 심장을 가지셨나요?

이런저런 작은 일과 큰일이 계속 벌어질 것입니다.

때로는 자금 압박으로 하루하루 고통 속에 살 수도 있습니다.
건축사가 말썽을 부릴 수도 있고 현장소장이 갑자기 도망 갈 수도 있습니다. 임차인이 금방 안 채워져서 대출 이자를 본인이 계속 갚아야 할 수도 있습니다.

이런 모든 경우의 수를 견딜 수 있는 사자의 심장이 필요합니다.
물론 모든 역경은 견디고 해결할 수 있습니다.

그러나 그것을 미리 포기하는 것과 어쨌든 시작하는 것과는 전혀 다른 결과로 나타납니다.

저와 첫 만남에서 뭐부터 어떻게 시작해야 할지도 몰랐던 분들이 저와의 만남을 통해 용기를 얻고 부동산 투자를 시작하는 분들을 보면 나중에 전혀 다른 분으로 바뀐 것을 볼 수 있습니다.

어려운 과정을 이미 모두 겪어 본 투자자들은 시작하기도 전에 겁먹었던 모든 일들이 결국은 어떻게든 해결될 수 있으리라고 확신하고 계속 도전하게 됩니다.

여러분도 두렵지만 과감한 첫발을 한번 내딛으시기 바랍니다.

30. 공인중개사 시험 합격 후기

대부분은 놀랍니다.

4개월 공부에 1차, 2차 동시에 합격, 첫 번째 본 시험에 합격.

저도 시험 공부하던 그때를 생각하면 절대 돌아가고 싶지 않습니다.

정말 미친 듯이 공부했습니다.

왜냐하면 전 그전에 중개보조원으로 일을 하며 어떻게 하면 공인중개사로서 성공할지를 이미 알았기 때문입니다.

합격만 하면 바로 성공할 수 있는데, 물론 불합격으로 떨어지면 다음 해에 다시 도전하면 되지만 저는 급했습니다.

그리고 한 번에 합격해야 다음 꿈을 이룰 것 같았습니다. 한번 떨어지면 다시는 일어나지 못하고 나락으로 떨어질 것만 같았습니다. 그만큼 절박했습니다.

일단 모든 사회 생활을 중지하였습니다.

빌딩을 찾기 전 좋은 공인중개사부터 찾기를

당연히 회사는 그만두었고 모든 나의 삶을 오직 시험 하나에 맞췄습니다. 집을 감옥처럼 사용하며 아예 밖에 나가지도 않았습니다.

절대적으로 시간이 부족했기 때문입니다.
6개 과목에서 평균 점수 60점을 맞아야 하기에 죽을 만큼 공부를 해야 했습니다.

하루에 몇 시간 공부했냐는 중요하지도 않았습니다. 그냥 지쳐 쓰러져 자다가도 눈뜨면 바로 책상에 앉았습니다. 그때가 새벽 2시든 3시든 중요 하지 않았습니다. 그냥 하루 24시간 공부만 한다는 마음이었습니다.

개인적으로 에듀윌 인강을 들었는데 사실 인강보다 저의 점수를 확 올려 주었던 것은 시험 보기 2달 전에 특강처럼 진행하였던 실전 모의고사였습니다.

이 2달 동안은 강의도 듣고 모의고사도 치르려고 직접 학원에 다녔습니다.

처음 학원에서 모의고사를 보고 점수를 확인하고 깜짝 놀랐습니다. 점수가 40점도 안 되는 과목도 있었습니다. 2달밖에 안 남았는데 말입니다.

이때는 매일 밤 거의 울면서 잠에 들었습니다.

'불합격하면 어쩌지?' 하는 불안감에 매일 밤 악몽에 시달렸습니다. 더욱더 공부에 매달렸습니다.

마지막에 각 과목의 교수님들이 문제 100개를 뽑아 줍니다. 진짜 마르고 닳도록 보고 또 보았습니다. 하도 보니까 막 구역질이 나올 정도였습니다.

저는 학원에서도 유명한 학생이었습니다.

여러 교수님의 교안을 모두 복사해 달라고 하고, 이런저런 컴플레인을 계속했습니다. 사실 그때는 제 일생 중에 가장 민감한 때가 아니었나 싶습니다. 그렇게 유난을 떨다 보니 시험이 끝나고 안내 데스크에 저의 합격 여부를 묻는 학생들이 많았다고 합니다.

그렇게 미친 듯이 공부하고 1차 시험인 민법과 부동산학개론을 보는데 문제를 읽고 지문을 읽으니 답이 자연스럽게 보였습니다. '이게 답이 아닐 수 없다.' 이러면서 자신 있게 답을 채웠습니다.

부동산학개론의 계산 문제는 워낙 어려웠던 기출 문제를 연습하여서 정작 시험 문제는 너무 쉽게 풀었습니다.

합격 발표가 나고 학원 데스크 직원 분들의 선물을 사 가지고 방문했습니다. 그동안 제가 너무 괴롭혔던 것 같아서 인사 드리러 왔다고 했더니,

아니라고, 진심으로 합격을 축하 드린다고 하였습니다.

제가 이렇게 공인중개사 시험 합격 후기를 쓰는 이유는 제 자랑을 위해서가 아닙니다.

저 스스로 그 당시의 절박함을 다시 한번 생각하고 마음을 다잡는 시간을 가지려고 썼습니다. 그리고 여러분도 충분히 할 수 있다는 것을 알려주고 싶어서입니다.

그때의 절박함을 계속 마음속에 넣고 매도자, 매수자 한 분, 한 분을 소중히 모시며 정확한 중개가 되도록 더욱더 노력하겠습니다.

31. 빌딩인 부동산 중개법인의 모토

처음 빌딩인을 개업하고 빌딩인을 규정지을 수 있는 모토를 만들었습니다.

대외적으로는 빌딩인을 알릴 수 있는 효과를 낼 수 있고 내부적으로는 저와 직원이 하나의 목표로 달릴 수 있는 지향점이 될 수 있도록 하였습니다.

그 첫 번째는,
'빌딩인은 정직합니다'.
제일 중요한 가치입니다.

특히 부동산 중개는 누군가의 전 재산을 다루는 일이기에 그만큼 책임 의식도 커야 합니다.

만약 중간에서 중개하는 자가 사심을 가지거나 정직하지 못한 방법으로 중개를 하려고 한다면 틀림없이 큰일이 벌어질 것입니다. 요즘 이슈화 되고 있는 깡통 전세 사기처럼 말입니다.

빌딩을 찾기 전 좋은 공인중개사부터 찾기를

그런 사기 사건에 연루되어 있는 공인중개사는 틀림없이 사전에 그런 사실을 알았을 것입니다. 알면서도 알량한 본인의 중개보수에 혹하여 누군가의 전 재산을 다 날리게 하는 경우도 있습니다.

법은 완벽하지 않습니다. 법조문 몇 줄로 어떻게 인간의 모든 감정과 행동을 규정지을 수 있겠습니까?

그래서 합법과 불법의 경계선이 존재합니다. 이렇게 생각하면 합법 같고 저렇게 생각하면 불법 같은 상황이 발생하기도 합니다.

빌딩인은 그 합법과 불법의 경계선도 가지 않겠습니다. 숨길 것이 없으면 당당해지고 목소리도 크게 낼 수 있습니다.

제가 얼굴을 다 알리는 유튜브를 하고 이렇게 책을 출판하는 것도 좀 더 자신 있게 일하려는 이유입니다.

두 번째는,
'빌딩인은 배우고 가르칩니다'.

저는 계속 배우고 있습니다.

공인중개사 자격증이 있다고 모든 것을 다 알 수는 없습니다. 새로 나온 판례나 정부 시책 등을 계속 확인하고 본인 것으로 만들어야 합니다.

요즘 이슈가 되는 계약 후 용도변경에 따른 양도세 부과 기준 변경, 다

주택자의 주택 담보 대출 확대 정책, 2040 서울도시기본계획 등 배워야 할 것은 계속 생깁니다.

그래서 저는 공인중개사가 된 이후 곧 편입하여 서울사이버대학교 부동산학과도 졸업하였고 향후 부동산학 박사까지 되려고 합니다.

국회나 서울시에 주최하는 부동산 관련 공청회도 열심히 참석합니다. 이런 곳에 참여하면 정부 정책이 어떻게 바뀌는지 좀 더 빨리 알 수 있습니다.

빌딩인 직원들도 서로 계속 가르치고 배우도록 합니다.
틈날 때마다 특강 식으로 강의도 하고 지속적으로 새로운 정보를 교환합니다.

대부분의 부동산 사무실은 직원들 간의 정보 교류가 원활하지 않습니다. 서로 가지고 있는 정보 누출에 대해 염려하여 잘 나누지 않습니다.

빌딩인은 다릅니다.
작은 정보도 서로 나누게 하고 그런 회사 분위기를 만들었습니다. 일주일 전에 입사하신 분이 오늘 새로 입사한 분의 교육을 담당하기도 합니다.

공인중개사는 지금까지 알고 있는 본인의 지식을 자랑할 것도 아닙니다.

배워야 할 것이 계속 쌓이기 때문에 지금 본인이 가지고 있는 지식보다 앞으로 계속 배워야 할 지식들이 더 중요합니다.

세 번째는,
'빌딩인은 24시간 응답합니다'.

요즘 세대들은 퇴근 후 연락하거나 주말에 카톡 등을 하면 병적으로 싫어한다고 합니다. 퇴근 후의 삶을 굉장히 소중히 여깁니다. 저도 이렇게 변한 사회에 충분히 공감을 느끼고 인정합니다.

하지만 공인중개사라는 직업은 조금 다릅니다.
매도자와 매수자와 24시간 소통해야 합니다. 주말이라고, 퇴근 후라고 연락이 안 되는 상황이 되면 곤란합니다.

빌딩인은 상담을 예약제로 하고 있습니다. 예약 시간을 정할 때 저는 고객분들에게 이렇게 이야기합니다.

"저는 주말도 괜찮습니다. 퇴근 후에 와도 미리 예약만 되어 있으면 언제라도 가능합니다."

공인중개사의 워라밸도 중요하지만 그것보다도 중요한 것은 고객의 자산이고 고객과의 약속입니다.

공인중개사로서 일할 때는 항상 고객에게 안테나를 세우고 언제나 고객과 같이 움직여야 합니다.

그렇다고 빌딩인의 모든 직원들이 24시간 일만 하지 않습니다.

오히려 보통의 직장보다 시간을 더 유용하게 쓸 수 있습니다. 출퇴근이 따로 정해져 있지 않기 때문에 본인이 원한다면 언제라도 자기 계발 등의 시간을 쓸 수 있습니다.

고객과의 약속이 없다면 개인적인 업무를 봐도 무방합니다. 그렇지만 그런 중에도 고객에게 급한 연락이 오면 언제나 연결은 되게끔 움직이고 있습니다.

앞으로도 계속 빌딩인의 모토를 새로 만들 것입니다. 계속 변화하고 발전하는 빌딩인을 애정 어린 눈으로 지켜봐 주시기 바랍니다.

32. 연남동 휴먼타운의 눈물

2011년 연남동은 북가좌동, 흑석동, 시흥동, 길음동 등과 같이 휴먼타운 제1종 지구단위계획구역으로 지정되었습니다.

지정되었던 이유는 그 당시 워낙 가로 정비도 안 되었고 낙후되어 있어 서울시에서는 가로 정비를 해 주고 주택가만 있는 동네에 주택 1층을 쉽게 근린으로 용도변경해 주어 동네를 좀 더 안전하고 밝게 만드는 목적이 었습니다.

제1종 지구단위계획으로 묶어 놓아 제2종인 술을 파는 곳의 영업 허가가 안 나왔기에 그동안 연남동의 휴먼타운 쪽은 카페나 케이크 전문점 같은 좀 더 조용한 상권이 형성되고 있었습니다.

그렇게 서서히 변해 가고 있다가 연남동은 2016년경에 큰일이 벌어집니다.

바로 경의선 철도가 지하로 들어가고 지상에는 멋진 공원이 조성된 것입니다. 바로 경의선 숲길 공원입니다. 공원이 조성되자마자 난리가 났습니다.

그 당시에는 하루에도 몇 건씩 주택 매매가 이뤄졌습니다.

매도 물건만 나오면 바로 계약이 되었습니다.

대부분은 주택이었습니다. 그 주택을 근린으로 바꾸어 신축을 하거나 상가로 리뉴얼해서 임대 수익을 얻으려는 매수자들이 전국에서 몰려왔습니다.

그 옛날에 비교적 토지가 저렴한 동네를 찾아와서 그냥 30여 년을 잘 살았는데 갑자기 집값이 몇십 억으로 급등한 것입니다.

그래서 2011년의 휴먼타운 제1종 지구단위계획이 무색해졌습니다.

연남동은 낙후되기는커녕 서울에서 제일 멋진 번화가가 되었습니다. 특히 코로나로 다른 상권은 모두 죽었을 때 연남동 상권은 오히려 불이 붙었습니다.

이런 상황이 되면 지구단위계획구역은 자연스럽게 해제되는 수순을 밟게 됩니다.

2020년 서울시는 휴먼타운 지구단위계획을 지정 해제하려고 했고 언론을 통해 발표도 합니다.

그러나 엉뚱한 결과가 벌어졌습니다.

빌딩을 찾기 전 좋은 공인중개사부터 찾기를

서울시 의회에서 다른 휴먼타운과의 형평성을 위해 연남동의 지구단위 계획 해제를 불허한다는 결과가 나온 것입니다.

상황은 더 나빠졌습니다.

10년 전의 주택 일부를 쉽게 근린 상가로 용도변경 해 준다는 규정이 2022년에는 엉뚱하게 바뀌어 버렸습니다.

주택을 철거하고 멋진 근린 상가를 새로 건축하면 1개 층은 반드시 주택이 있어야 한다는 쓸데없는 규정으로 바뀝니다.

그렇지 않으면 마포구청에서 허가를 내주지 않았습니다.
민원이 엄청났습니다.

연남동은 다른 곳과 다르게 급격하게 주택지에서 상업지로 변하였습니다.

경의선 숲길 공원은 이제 전 세계의 공원으로 많은 사람들이 와서 즐기는 곳으로 변하였습니다.

10여 년 전의 조용한 주택가를 조금이라도 활성화하려고 시작한 지구단위계획구역이 오히려 주민들을 힘들게 하는 규제로 변질된 것입니다.

이런 문제를 가장 먼저 체감하는 것이 그 지역의 공인중개사들입니다.

저는 이 문제를 공론화해서 직접 민원도 넣었고 마포구청 도시계획과 주무관과도 수시로 통화하였습니다.

지자체도 이 사태에 대해 안타까워했습니다.

서울시 의회에서 구역 해제를 부결하리라고 생각 못 했고 그래서 재차 상정을 하였고, 조금만 기다리면 좋은 소식이 나올 것 같다는 원론적인 대답만 하였습니다.

결국 2022년 4월 22일에 드디어 연남동 휴먼타운 지구단위계획이 서울시 도시. 건축 공동 심의 의원회에서 변경을 심의 결정하였습니다.

공시된 내용을 확인해 보니 2011년 처음 지구단위계획 고시 시 A지역은 1층만 근린 상가를 허용하고 B, C 지역은 2층까지 허용한다는 식의 단서가 달려 그것이 2022년에는 A 지역의 2층은 반드시 주택이어야 한다는 규제로 바뀐 것입니다.

이번엔 그 단서 조항을 아예 삭제하였습니다.

물론 이 변경이 저 혼자만의 힘으로 변경된 것은 아닙니다.

그러나 지역의 사정을 가장 잘 아는 지역 공인중개사들은 이런 불합리한 규제 등에 적극적으로 나서서 지역 주민들을 위하여 일하여야 합니다.

그것이 공인중개사의 책무입니다.

33. 대표가 해야 할 일

25년 동안 건축 현장의 현장소장 일을 했습니다.

그때는 매일매일이 전쟁이었습니다.

마감일이 정해지면 하늘이 무너져도 그날은 지켜야 했습니다. 몇천 명이 저의 결정만 지켜보고 있었기 때문입니다. 정말 목숨 걸고 일했습니다.

그런 와중에도 새벽 5시에 일어나서 영어학원에서 1시간 동안 회화 공부를 하거나 수영 강습을 하고 바로 출근하여 오전은 정신없이 보냈습니다.

저의 판단이 어떤 사람의 건강을 해칠 수도 있고 경제적으로도 큰 손실을 줄 수도 있었기 때문입니다.

오전에 전화를 한 100통쯤 합니다.

현장 용어로 단도리를 한다고 합니다.

현장소장이 그런 단도리를 얼마나 잘하느냐에 따라 현장 마감이나 품질이 결정됩니다.

그렇게 미친 듯이 일하고 점심을 먹고는 좀 한가해집니다.

빌딩을 찾기 전 좋은 공인중개사부터 찾기를

오후에 많은 작업자들이 도면대로 작업을 하는지 확인하지만 좀 더 세밀한 것은 같이 일하는 직원들이 정리하여 줍니다.

오후에는 사우나에서 잠깐 쉬기도 합니다.

물론 특별한 일이 생기면 바로 달려갑니다. 그렇게 일하는 것을 보면 잘 모르는 사람들은 건축 현장소장 일은 쉬운 것이라고 생각할 수도 있습니다.

하지만 진짜 현장소장의 역량이 발휘될 때는 평범한 일상일 때가 아닙니다.

현장에 안전 사고가 나거나 도면과 전혀 다른 시공이 되어 지금까지의 작업을 모두 철거하고 재시공해야 하는 등의 급박한 일이 생겼을 때입니다.

이런 상황이 되면 현장소장은 24시간 긴장해야 합니다.

현장소장의 판단 하나가 몇천 명의 운명을 좌지우지할 수 있기 때문입니다. 제 자랑 같지만 저는 그런 일을 잘 처리하였습니다.

대형 극장 공사 시 용접 불똥이 튀어 작은 화재도 난 적이 있습니다. 바로 밤을 새워 이틀 만에 모든 상황을 정리하였습니다.

그렇게 목숨을 걸고 일을 하다 보니 거래처 담당들이 저를 좋아했습니다.

마감을 정확히 지키는 것은 물론이고 안전 사고도 거의 안 나게 하고 품질도 좋았기 때문입니다. 그래서 거래처 담당들이 특별히 김경락 소장을 현장소장으로 정해 달라는 부탁을 제가 다니던 회사 대표에게 많이 했습니다.

협력 업체 대표들도 저를 좋아했습니다.

저는 항상 협력 업체 대표들을 그냥 갑과 을의 을로 생각하지 않았습니다. 같이 현장을 만들어 가는 파트너로서 안전하게 재시공 없이 일이 끝나도록 도와주는 역할을 했습니다.

그래서 협력 업체 대표들 사이에서는,

"김경락 소장님 현장은 언제나 깔끔하게 마무리되어 돈도 많이 벌게 해준다"라는 소문이 돌기도 했습니다.

같이 일하는 직원들도 저를 좋아했습니다.

무조건 일을 던져 주는 타입이 아니고 직원들 스스로 생각하고 결정할 수 있는 기회를 많이 주었습니다. 최종 책임은 당연히 현장소장이 모두 져야 하지만 밑에서 일하는 직원들에게 되도록이면 많은 권한을 주었습니다.

그렇게 현장소장 일을 하다 보니 어느 직원은,

"본인이 현장에서 배워야 할 모든 것은 김경락 소장에게 다 배운 것 같다"는 칭찬을 해 주었습니다.

빌딩을 찾기 전 좋은 공인중개사부터 찾기를

얘기하다 보니 제 자랑이 너무 길어졌네요.

저는 중개법인을 운영하면서도 건축 현장소장 일을 하던 때와 마찬가지 각오로 임하고 있습니다.

거기에 하나가 더해졌습니다. 바로 고객들의 자산입니다.

모든 가치를 고객들의 자산 보호와 증식에 포커스를 맞추고 일하고 있습니다.

그래서 저는 중개보수에 대해 미리 계산하지도 않습니다. 고객의 자산이 최우선입니다.

대표로서 무한 책임을 지려고 합니다.

빌딩인에서 벌어진 일은 대표가 모두 책임집니다.

얼마 전 임대인과 임차인 간의 분쟁이 생겼습니다.

이사를 잘 하시고 한 달쯤 사시다가 문제가 생겨서 담당자가 계속 해결을 하려 했는데 마무리가 잘 안 되었습니다.

아무래도 담당자는 비용 문제에 대한 권한이 크지 않기에 결정을 미루다가 계속 지연이 되고 있었습니다.

제가 관여하려고 했을 때 직원들은 저를 말렸습니다.

"대표님이 움직이면 오히려 임차인에게 빌미를 주는 것 같습니다. 오히려 참여 안 하시고 가만히 있는 것이 나을 것 같습니다."

이렇게 이야기했지만 저는 제가 직접 나섰습니다.

대표로서 무한 책임을 져야 하는 것이 몇십 년 동안 습관처럼 당연하게 느껴졌기 때문입니다.

다행히 임차인과 합의가 잘되어 곧 해결이 되었습니다.

대표는 같이 일하는 직원들에게 많은 권한을 주어 자유롭게 일하게 하는 것도 중요하지만 급박하거나 위험한 일이 생겼을 때는 무조건 최전방에서 모든 책임을 지고 일해야 합니다.

그것이 대표의 일입니다.

빌딩을 찾기 전 좋은 공인중개사부터 찾기를

34. 밸류맵 홍대 투어링은 당연히 제가 합니다

얼마 전 밸류맵이라는 빌딩, 토지 매매 전문 사이트에서 홍대, 연희동 임장 투어링 전문 공인중개사로 제안이 왔습니다.

흔쾌히 수락하였습니다.

제가 빌딩인 중개법인을 개업하기 전에 다른 공인중개사가 밸류맵 홍대 임장 투어링을 하는 것을 알고 있었지만 내심 제가 적임자라는 생각을 하고 있었습니다.

제안을 수락하였더니 밸류맵 관계자와 영상 PD님이 빌딩인에 와서 촬영을 하고 멋지게 편집하여 유튜브에 올려 주었습니다.

촬영 당일에 밸류맵 관계자께서 이렇게 콘티 없이 한 번에 찍은 공인중개사는 처음이라고, 대단하다고 칭찬을 해 주었습니다.

그동안 혼자 유튜브를 찍고 편집했던 것이 많은 도움이 되었나 봅니다.

사실 그전부터 누군가에게 가르치는 것에 자신이 있었습니다.

그래서 게스트 하우스를 운영하는 동안 계속 호스트를 하고 싶은 분들을 위한 강의를 했습니다.

매도나 매수 상담 시에도 강의하듯이 열정적으로 상담을 해 줍니다.

어느 분은 다 듣고 강의료를 내야 할 것 같다는 농담 같은 칭찬도 해 주십니다.

저는 누군가를 가르칠 때 중학교만 졸업하면 알아들을 정도의 단어로 설명해 드립니다. 아주 어렵고 복잡한 문제도 설명을 아주 쉽게 합니다.

이것이 제 강의나 상담 시 청중들이 좋아하는 포인트입니다. 이 책에도 어려운 용어를 안 쓰려고 노력했습니다.

이렇게 밸류맵에 임장 투어링 광고를 하고 정말 많은 분들이 찾아 주었습니다.

일주일에 두 번씩 진행을 하였고 그때마다 모두들 열정적으로 들어 주었습니다. 진행하는 저에게도 좋은 기회였습니다.

투어링을 시작했을 때가 빌딩인을 개업한 지 몇 개월 되지 않았을 때입니다.

빌딩을 찾기 전 좋은 공인중개사부터 찾기를

저보다 홍대에서 더 오래 부동산 사무실을 운영하셨던 공인중개사들은 많이 있습니다.

하지만 내심 저는 그 어떤 공인중개사보다 홍대 임장 투어링을 잘할 수 있을 거라는 자신이 있었습니다.

그 이유는,

첫 번째, 저보다 더 홍대를 깊게 즐기는 공인중개사는 없을 것이기 때문입니다.

저는 20여 년 전부터 홍대에서 수많은 펑크록 친구들, 탱고 친구들과 부대끼며 놀았습니다.

그런 세월이 20년이 넘었습니다.

이렇게 신나게 놀았던 이력이 상권 분석에 많은 도움이 되었습니다. 여기는 어떻게 변해 왔고, 저기는 어떻게 변해 갈지 다 보이게 되었습니다.

두 번째는 저의 특이한 이력 때문입니다.

25년 동안 건축 현장소장 일을 하였기 때문에 임장 투어링 시 리뉴얼이나 신축 사례 등의 소개를 잘할 수 있었고, 오신 분들의 개인적인 문의에

모두 답할 수 있었습니다.

즉, 건축 전문가와 같이 하는 부동산 임장 투어링을 진행할 수 있었습니다.

대지와 건물을 보며 바로 어떻게 개발해야 할지, 기간은 얼마나 걸릴지, 예산은 얼마나 들지 이야기를 해 주니 모두 만족하였습니다.

마지막으로 저의 진행 솜씨 때문입니다.

무조건 임장 투어링만 진행하지 않았고 처음 1시간은 부동산 투자의 방법과 홍대 상권의 특징에 관한 강의를 하였습니다.

그렇게 충분히 사무실에서 강의를 하고 나머지 1시간은 직접 현장을 보며 투어링을 진행하였습니다. 역시나 이런 방법을 모두 좋아하였습니다.

그러다 겨울이 되면 외부 투어링을 하기 힘들어져 자연스럽게 중단되었고 다시 곧 투어링이 재개될 것이라고 생각합니다.

공인중개사라면 당연히 본인이 기거하거나 근무하는 곳의 상권 분석은 정확히 하여야 하며 밸류맵 같은 곳에서 투어링 제안이 오면 그 누구보다도 더 잘할 수 있다는 자신감을 가지고 있어야 할 것입니다.

빌딩을 찾기 전 좋은 공인중개사부터 찾기를

35. 임대차와 매매

처음 빌딩인을 개업할 당시 자신감은 충만했지만 그만큼 불안감도 컸습니다.

금방 매매 계약이 될 것 같은 자신감도 있었지만 '한 달, 한 달 기본적으로 들어가는 돈을 어떻게 충당하지?'라는 불안감이 엄습했습니다. 알다시피 개업 초에는 큰돈이 한꺼번에 들어가기 때문입니다.

빌딩인은 개업 시부터 대한민국 최고의 빌딩 매매 전문 중개법인으로 키우려는 목표가 뚜렷했습니다.

그래서 임대차는 아예 취급 안 하려고 마음먹었습니다. 특히나 주택이나 원룸 임대차는 동네의 작은 부동산 회사에서 하게끔 하고 싶었습니다.

대한민국 최고의 빌딩 매매 전문 중개법인이 되고 싶었지만 일단 현실을 직시해야 하기에 임대 경험이 많은 팀장님을 영입했습니다.

그분이 주축이 되어 임대팀을 만들어서 열심히 임대 물건을 등록하고 실제 계약 전까지 가기도 했습니다. 그렇지만 안타깝게 계약까지 성사는 되지 않았습니다.

그렇게 개업 후 4개월 동안 오히려 빌딩 매매 중개를 두 건 성공하였습니다.

보통은 임대차 계약이 매매 계약보다 훨씬 많은데 빌딩인은 오히려 반대 현상이 일어났습니다.

그 당시 임대차 광고를 홍대에서 누구보다 많이 광고를 하고 있었습니다.

임대 플래카드도 많이 붙여 놓았기에 문의 전화가 수시로 왔습니다. 임차인의 특성상 직접 상담보다는 일단 전화로 연락이 많이 왔고 새벽에도 문의 문자가 수시로 왔습니다. 솔직히 힘들었습니다.

고민을 많이 했습니다.
'보통은 임대차 중개 경험을 많이 해 보고 매매 중개를 하는데 어떻게 해야 할까?'

그러다가 결심하였습니다.
처음 마음먹은 대로 매매 전문 중개법인으로 운영해야 하겠다고.

수많은 임대 광고를 모두 삭제하고 매매 광고만 남겨 두었습니다.

빌딩을 찾기 전 좋은 공인중개사부터 찾기를

물론 임대를 원하는 임대인이 의뢰를 하면 광고합니다.

다만 적극적으로 임대를 광고하지는 않습니다.

다른 부동산 사무실처럼 차근차근 단계를 밟으며 올라가는 것도 의미가 있겠지만 빌딩인은 좀 더 빠르게 목표를 향해 달려 나가겠습니다.

처음 개업 시의 목표대로 빌딩인은 대한민국 최고의 빌딩 매매 전문 중개법인이 되도록 하겠습니다.

36. 대한민국 최고의 임장 투어링 진행자

그림 3. 김경락, 빌딩인 부동산 중개법인 연남동 임장 투어링, 2022.06

임장 투어링을 마치고 어떤 분이 저와 꼭 같이 사진을 찍고 싶다고 해서 같이 찍었습니다.

임장 투어링을 진행하면 오시는 고객들도 좋은 정보를 얻어 가지만 저도 좋은 에너지를 많이 받게 됩니다.

빌딩을 찾기 전 좋은 공인중개사부터 찾기를

어디서도 듣지 못한 부동산 투자 방법과 홍대 상권 이야기를 해 주면 반응들이 아주 좋습니다.

그러나 그렇게 열심히 일주일에도 몇 번씩 임장 투어링을 하다 보니 족저근막염까지 생겼습니다. 워낙 많이 걸어서 그랬나 봅니다. 몸은 힘들지만 보람도 많이 느끼고 있습니다.

어느 분은 그동안 궁금했던 것들을 노트에 잔뜩 적어 와서는 하나하나 다 알아보고 가십니다. 공인중개사로서 그렇게 그분들의 궁금증을 해결해 주고 나면 남모를 뿌듯함이 생깁니다.

그렇게 잘 마무리하면 대부분은 좀 더 시간을 같이하고 싶어서 저녁까지 하자는 분들이 많습니다. 그러면 저녁 식사를 하면서 부동산 투자에 대한 많은 이야기를 해 줍니다.

물론 임장 투어링을 하신 모든 분이 매수를 하지는 않습니다.

개중에는 공인중개사나 중개보조원들이 물건을 확보하고 싶은 마음에 투어링을 신청하기도 합니다.

그런 분들은 솔직히 금방 티가 납니다. 그럼에도 불구하고 그냥 제가 알고 있는 모든 것들을 알려 줍니다. 동종업을 하는 분들도 무언가를 배우러 왔기 때문에 그런 열정을 높이 사서 친절히 투어링을 해 드립니다.

보통은 홍대역 3번 출구에서 시작해서 연남동을 한 번 돌고 연희동까지 가기도 합니다. 그런데 연희동까지 가면 듣는 분들이 좀 힘들어합니다.

저는 사실 몇 시간을 더 할 수 있는 데 들으시는 분들이 힘들어하서 요즘은 외부 임장은 가급적 1시간 내로 하려고 합니다.

마음 같아서는 몇 시간이라도 할 자신이 있고 할 이야기는 무궁무진합니다. 하지만 듣는 분들의 체력을 고려해서 요즘은 조금 자제하는 중입니다.

임장 투어링의 팁을 하나 드리자면 가족이나 친구 등과 같이 오면 좀 더 편하게 투어링을 하실 수 있습니다.

아무래도 낯선 사람들과 2시간을 같이 하기 때문에 혼자서는 좀 쑥스러울 수도 있습니다.

그렇게 같이 오면 좋은 점은 부동산 투자에 대해 서로 용기를 북돋을 수 있어서 좋습니다. 혼자 부동산 투자 같은 큰일을 결정하는 것보다 믿을 만한 누군가와 같이 결정하면 마음이 더 편합니다.

이 책을 읽는 분들 중에도 임장 투어링을 하고 싶으신 분이 계시다면 언제라도 연락 주시기 바랍니다. 성심성의껏 여러분이 알고 싶어 하는 모든 것을 알려 주는 알찬 투어링을 진행하겠습니다.

빌딩을 찾기 전 좋은 공인중개사부터 찾기를

37. 중개보조원은 공인중개사 자격증부터

빌딩인 부동산 TV 유튜브를 보고 많은 분들이 같이 일하고 싶다고 연락을 하십니다.

특별한 사정이 있지 않는 한은 모든 분들을 만나서 면접을 보고 있습니다. 제가 뭐가 그렇게 대단하다고 면접조차 안 보겠습니까?

면접 시 공인중개사 자격증을 따신 분들은 박수를 쳐 줍니다. 잘했다고, 수고했다고 칭찬해 줍니다. 제가 그 시험 공부를 했던 입장으로서 얼마나 힘든 공부인지 알기 때문입니다.

한편으로는 중개보조원 분들도 많이 면접을 보겠다고 오십니다.

그중에는 몇 년 동안 강남의 대형 중개법인에서 근무하셨다고 하는 분이 있었습니다. 많은 경험도 있고 굉장히 자신만만하였습니다.

제가 그분에게 꿈이 뭐냐고 물었더니 앞으로 부동산 중개 쪽으로 전문가가 되고 싶다고 했습니다.

그래서 저는,

"그럼 왜 아직까지 공인중개사 자격증을 따려고 하지 않았나요?"

이렇게 물어보고 그 자리에서 면접은 그만두고 1시간 정도 그분의 진로 방향과 인생 상담을 해 주었습니다. 그리고 반드시 공인중개사 자격증을 따라고 몇 번이고 강조하였습니다.

그분은 "아직까지 저에게 이렇게 조언해준 사람이 없었습니다. 감사합니다. 대표님."
이렇게 대답하였습니다.

저는 안타까웠습니다.

'그분의 몇 년 동안의 중개보조원 경력 중에 왜 아무도 그런 조언을 해 주지 않았을까? 아직 20대인 그분에게 진정으로 꿈을 이루는 빠른 길을 왜 안 가르쳐 주었을까?'

혹시나 이 글을 읽고 있는 중개보조원이 있다면, 그리고 본인이 계속 부동산 중개업을 하고 싶다면 당장 자격증 공부부터 시작하시기 바랍니다.

얼마 전 사회적으로 이슈화된 일이 하나 있었습니다.

방송에도 자주 나오던 소위 부동산 중개의 신이라는 분, 그리고 이제 갓 공인중개사 자격증을 딴 서경석 씨에게 한참 후배라고 하던 분이 알고 보니 공인중개사 자격증이 없는 중개보조원이었습니다. 그분은 순식간에 방송에서 사라졌습니다.

안타까운 점은 그렇게 오래 중개업을 하며 '왜 공인중개사 자격증을 따려고 생각하지 못했을까?' 하는 것입니다.

공인중개사법으로 중개보조원은 중개의 어떠한 행위도 못 하게 되어 있습니다. 단지 아주 간단한 사무 보조만 하게 되어 있습니다. 물론 실상은 법대로 하지는 않습니다.

그러나 계속 중개보조원으로 음지에서 일을 할 수는 없는 것 아니겠습니까? 본인이 계속 부동산 중개업을 하고 싶다면 말이죠.

20대여도 50대여도 본인의 현재 나이와는 상관없이 반드시 공인중개사 자격증을 따시기 바랍니다.

여러분도 충분히 할 수 있습니다.

본인의 꿈은 거기서부터 시작됩니다.

높은 계단을 오를 때 제대로 된 첫 계단이 중요합니다. 첫 계단을 잘 디뎌야 계속 오를 수 있는 것입니다.

특히나 젊은 청춘들은 중개보조원으로서의 경력을 자랑하기보다는 빨리 자격증을 따서 대한민국에서 떳떳하게 공인중개사로서의 직을 수행하며 전문가로서 사회에 일익하시기 바랍니다.

그런 중개보조원을 고용하고 있는 고용주 입장에서도 당장 편하게 부릴 수 있다고 중개보조원으로 계속 쓰시지 말고 그들이 한 명의 진정한 전문가로서 자리 잡을 수 있도록 자격증 따게끔 권유하시기 바랍니다.

저의 글에 약간의 분노를 느끼는 중개보조원도 있을 거라고 생각합니다. 그런 분들은 분노를 노력으로 승화하여 반드시 공인중개사 자격증을 따서 당당하게 일하시기 바랍니다.

여러분의 꿈을 모두 이루기를 기원합니다.

38. 저의 꿈은 공인중개사의 슈퍼스타입니다

그림 4. 김갑찬, 「이슈메이커」, 2022.04, 54쪽

10년 전에 주방장이라면 사회적 인식은 그렇게 좋지 않았습니다. 지금은 아닙니다. 직업의 이름조차 변경되었습니다.

이제는 주방장이라고 안 하고 '셰프'라고 합니다.

바로 이연복 셰프와 백종원 씨 때문입니다.

공인중개사를 생각하면 아직도 사회적 위상이 그렇게 높지 않습니다.

부동산 전문가를 초대하여 토론하는 TV 프로그램을 보면 대부분 부동산학과 교수가 나옵니다.

그런 자리에서 공인중개사는 한 번도 못 본 것 같습니다.

의학이나 법률, 심지어 정치적인 이슈로 토론할 때 현직 의사, 변호사, 정치인 말고 의학 교수, 법학 교수, 정치학 교수가 나와서 토론하는 모습을 본 적이 있습니까? 아마 없을 겁니다.

방송에서 요리사가 음식을 하지 않고 음식 이론을 가르치는 교수가 나와서 음식을 하면 뭔가 좀 우스꽝스럽지 않을까요?

하지만 유독 부동산만 현직 공인중개사는 그런 자리에 나오지 못하고 부동산학 교수들만 나옵니다.

공인중개사는 아직도 전문가로서의 대접을 받지 못하고 있습니다.

오히려 시사 고발 프로그램이나 깡통 전세 사기 사건 등의 뉴스에 눈 가리고 목소리 변조되어 나올 때가 더 많습니다. 현업에 있는 입장으로 마음이 너무 아픕니다.

2023년 현재 공인중개사 협회는 의사 협회나 변호사 협회처럼 법정 단체로 등록되지 못했기에 당연 가입이 아니고 임의로 가입할 수 있습니다.

강제로 가입하는 법이 없기에 그만큼 사회적 책임감도 덜하고 다른 협회만큼 힘이 없습니다.
업력을 쌓아서 협회 일도 적극적으로 할 생각입니다.

공인중개사 시험 합격 후기를 쓸 때부터 공인중개사의 슈퍼스타가 되려고 생각했습니다.

그래서 후기에 그런 내용을 적었더니 그 당시 다들 못 믿는 분위기였습니다.

사실 저도 '과연 가능할까?' 반신반의하였습니다.

하지만 꾸준히 노력하고 계속 그곳을 바라보면서 언젠가는 그곳에 가 있을 저를 상상합니다.

공인중개사의 슈퍼스타가 되어 대한민국 공인중개사의 사회적 위치를 높이고 부동산 전문가로서 당당하게 일할 수 있는 사회를 만드는 데 일조를 하겠습니다.

39. 빌딩인은 컨설팅 비용이 무료입니다

주말에 갑자기 연락이 와서 상담을 하였습니다.

보통 주말은 전화도 많이 안 오고 해서 좀 더 집중적으로 상담에 임할 수 있습니다.

부부가 오셨는데 이렇게 부부가 오시면 상담이 더욱 잘됩니다. 결정을 좀 더 빨리 할 수 있기 때문입니다.

저도 혼신의 힘을 다해 상담에 임했습니다.

처음 부동산 투자를 하려는 분들이라 기초부터 차근차근 알려 주었습니다.

투자금의 마련부터 임대 법인 만드는 법, 상속세와 증여세, 양도세와 취득세, 매수 시기, 개발을 할 때 유의점, 건축 설계 시 유의점, 시공 시 유의점, 개발 이익을 극대화하는 방법, 매도 시점, 임차인과의 법적인 문제 해결 등, 그분들이 그동안 가졌던 의문점을 남김없이 해결해 드렸습니다.

거의 3시간을 이야기했습니다.

아마도 그분들은 저에게 와서 이런 이야기를 들을 것이라고는 상상도

빌딩을 찾기 전 좋은 공인중개사부터 찾기를

안 하고 오셨던 것 같습니다. 여타의 부동산 회사처럼 그냥 매도 물건 몇 건 보고 가실 줄 알았을 겁니다.

가끔 시간이 나고, 듣는 분과 코드가 잘 맞으면 이렇게 열정적으로 혼을 담아 상담을 하기도 합니다.

상담이 끝난 후 부부는 이렇게 물었습니다.
"대표님 덕분에 부동산 투자의 큰 그림이 그려집니다. 너무 감사합니다. 만약 빌딩인을 통해 계약을 한다면 컨설팅 비용은 얼마나 들까요?"

저는 컨설팅 비용은 무료이고 만약 계약이 된다면 법정 중개보수만 받는다고 하였습니다.

내심 놀라는 표정이었습니다.
아마도 강남의 대형 중개법인의 컨설팅 비용인 2~3%를 듣고 오신 것 같았습니다.

사실 강남의 대형 중개법인 중에 몇몇은 부동산 중개 계약을 안하고 부동산 컨설팅 계약이란 것을 합니다.

공인중개사법을 교묘하게 벗어난 방법입니다.

컨설팅 계약을 하면 법정 중개보수와 상관없이 마음대로 수수료를 받을 수 있습니다.

과연 그들이 얼마만큼 양질의 컨설팅을 해 주는지 모르겠지만 2~3%의 수수료는 과하다고 생각됩니다.

조심해야 할 것은 법정 수수료를 벗어난 컨설팅 비용은 세무서에서 비용 처리가 안 된다는 점입니다.

법인일 경우 비용 처리가 안 되니 나중에 부가세 환급을 받을 수 없습니다. 주의하시기 바랍니다.

저는 컨설팅 계약을 안 하고 얼마든지 제 모든 지식을 고객들에게 무료로 나눠 줄 생각입니다. 그것이 전문가로서의 의무라고 생각합니다.

그분들을 보내고 저도 퇴근하려고 준비하는데 그분들이 다시 사무실로 들어오셨습니다.

그리고는 뭔가 보답을 하고 싶은 데 저녁 먹으러 가기에는 조금 이른 시간이니 이것이라도 받아 달라고 하며 상품권을 주셨습니다.

이 정도는 얼마든지 감사히 받습니다.

빌딩을 찾기 전 좋은 공인중개사부터 찾기를

그림 5. 김경락, 빌딩인 부동산 중개법인 사무실, 2023.02

40. 경제 예측이 안 되는 이유는?

매년 말이 되면 신문이나 경제지에 다음 해의 경제 예측을 합니다. 부동산 경기도 마찬가지입니다. 학계, 업계의 전문가에게 물어보고 그걸 기사에 냅니다. 그러나 누구도 그 기사를 그해 연말까지 두었다가 확인해 보지 않습니다.

2022년 초에 부동산 경기 예측을 한 소위 전문가들은 2023년도 2022년처럼 부동산이 호황일 것이라고 했습니다. 틀렸습니다.

2022년 초에는 아무도 2022년 말에 미연방준비위원회에서 미국의 금리를 그렇게 급격하게 올릴지 몰랐기 때문입니다.
한국은행이 국채가 모두 미국채로 넘어간다고 한국의 금리도 급격하게 따라 올려 부동산은 물론 한국의 경제 흐름을 다 막아 버렸습니다.

미 연준은 미국의 인플레이션을 잡겠다고 금리를 올렸고 한국은행은 국채의 탈출 때문에 올렸는데 예상은 모두 빗나갔습니다.
외국 자본의 국채 탈출은 당연히 없었고 일본처럼 제로 금리를 유지해도 되었을 것입니다.
예상이 틀려도 개인적으로 책임질 사람이 없기 때문에 잘못된 정책은

빌딩을 찾기 전 좋은 공인중개사부터 찾기를

계속 생길 것입니다.

이 세상의 경제 전망은 모두 틀립니다.
왜 항상 경제 전망은 틀릴까요?

아무도 왜 경제 전망은 항상 틀리는지 얘기하지 않았습니다. 이제부터 이 이야기를 해 보려고 합니다.

경제 전망이 항상 틀리는 첫 번째 이유는 우리는 모두 인간이기 때문입니다. 경제 전망을 하는 발표자도 인간입니다.

인간은 수십만 년 동안 본인의 생명 유지와 본인의 DNA만을 널리 퍼뜨리려고 태어난 존재입니다. 그렇게 진화되어 왔습니다. 이것 때문에 경제 전망이 계속 틀리는 것입니다.

리만 브라더스 사태 전날까지 경제학 노벨상을 탄 경제학 박사들이 우글거리는 미국에서 아무도 눈치채지 못했습니다. 하버드대 경제학 교수도 몰랐습니다. 뉴욕의 수많은 증권 브로커들도 불량 모기지 채권을 파는 데만 바빴습니다. 경제학 박사들은 퇴직 후 본인들이 입사할 회사나 정부 기관의 쓰레기 채권의 신용도를 무조건 A+만 주고 있었습니다.

많은 경제 전문가들도 결국은 본인의 영달을 위해 연구를 하고 전망을 예측하기 때문에 제대로 된 결과가 나오지 않는 것입니다.

두 번째 이유는 경제 전망을 검증할 시스템이 없는 것입니다.

검증 시스템은 일부 과학 분야를 빼고 거의 모든 학문에 없습니다. 애당초 철학이나 신학처럼 검증이 힘든 학문도 있고 다른 학계에서는 굳이 검증 시스템을 도입하지 않으려고 합니다. 학자들의 학위 장사하는 데 방해만 되기 때문입니다.

과학 계통인 물리학, 천문학, 생리학, 의학 등은 지난 몇백 년 동안 검증 시스템을 계속 만들어 왔습니다. 그랬던 이유는 인간의 생명에 직접 연관이 있어서입니다.

특히 생리학이나 의학은 더욱 그렇습니다. 물리학도 검증 시스템이 없으면 커다란 사고로 이어질 수 있습니다.

약을 만드는데 실험자 임의대로 데이터를 조작하면 수천 명이 죽을 수도 있습니다. 자동차를 만들 때도 데이터 조작을 하면 수많은 사람들이 사고로 죽습니다.

그래서 현재 우리는 소방법을 피로 만들어진 법이라고 합니다. 대형 사고가 날 때마다 원인을 찾고 그 원인을 법으로 만들기 때문입니다. 비상문, 스프링클러, 제연설비, 소화전 등의 개수와 위치 등을 모두 엄격한 법으로 억지로라도 지키게 하는 것입니다.

100년 전만 해도 출산 때 죽는 산모와 신생아가 부지기수였습니다. 아

빌딩을 찾기 전 좋은 공인중개사부터 찾기를

주 간단한 이유였습니다.

세균의 존재를 몰랐기에 출생을 도와주는 의사도 멸균을 안 했고 장갑도 안 낀 맨손으로 수술을 하였습니다. 그러다가 2차 세계대전 시 하도 많은 군인들이 죽어 갔기에 그들을 살리려고 연구하다 항생제를 발견하면서 인류의 평균 수명이 급격하게 올라갔습니다.

얼마 전 대한민국의 어느 과학자가 초전도체를 개발하였다고 논문을 발표하였습니다.

전 세계 과학자는 그 논문을 믿기보다는 같은 조건으로 모두 실험을 하기 시작했습니다. 과학자의 특징입니다.

만 번 성공하였다고 해도 만한 번째 같은 결과가 안 나왔다면 그 논문은 버려집니다. 초전도체 논문도 그렇게 버려졌습니다. 이것이 검증 시스템입니다.

이제 경제학 논문에 대해 생각해 보십시오. 누가 발표된 논문을 검증합니까? 과학계 논문을 제외하면 발표 후 누구도 읽지도 않습니다. 본인 논문을 쓰려는 대학원생을 제외하고는 말이죠.

대통령 부인을 포함하여 고위 공직자, 연예인들의 논문 사건을 보면 알 수 있을 겁니다. 그들도 발표 후 한 번도 안 읽었을 논문이 이슈화되니 모두 표절로 발각되는 것입니다.

이렇듯 검증 안 된 이론의 공식에 대입하여 경제 전망을 해 보았자 맞을 수가 없는 것입니다.

과학계가 그렇게 검증 시스템을 만들어도 줄기세포 사건처럼 포토샵으로 데이터를 조작하기도 합니다. 시스템을 만들어도 인간은 기회만 있으면 본인을 위해 세상을 속이려 합니다.

세 번째는 인간의 감정을 계측할 수 없기 때문입니다.

물리학자들이 제일 좋아하는 것은 이 우주의 모든 현상을 아주 간단한 식으로 만드는 것입니다.
$E=MC^2$ 같은 것입니다. 이 간단한 식으로 우주의 모든 천체 움직임을 설명할 수 있습니다.

물리학은 무생물을 대상으로 하기 때문에 계측이 가능합니다.
그러나 인간의 감정은 계측할 수 없습니다. 누가 사랑을 수치화할 수 있겠습니까? 누가 두려움의 기준을 정할 수 있겠습니까?

누구는 이 정도의 손해는 좀 더 견뎌 보려고 하고 누구는 만 원만 손해 봐도 바로 주식을 팔아 버립니다. 각자 두려움의 척도가 다르니 정확한 결과를 알 수 없습니다.

수치화할 수 없으면 어떠한 이론도 무의미합니다.
그래서 앞으로의 경제 전망을 예상하려면 이미 벌어진 사건의 결과인

빅데이터를 연구하는 것이 더 좋은 방법입니다.

얼마 전 밸류맵과 알스퀘어에서 주최한 빅데이터쇼에 다녀왔습니다. 많은 것을 알게 된 좋은 시간이었습니다.

2023년 고금리로 물론 부동산 투자의 수요가 급감하였고 거기에 따라 부동산 가격도 하락하였습니다.

대한민국 전체의 데이터를 보면 그렇지만 지역을 한정해서 보니 다른 결과가 나왔습니다.

평창동이나 성북동처럼 부촌이라 불리는 곳의 가격은 하락하였지만 연남동과 성수동은 수요가 없어도 오르고 있었습니다.

그동안의 큰 불경기 기간이었던 IMF, 리먼 사태 등의 빅데이터 그래프를 보면 불경기 후 그 기회를 잡으려는 세력들이 나타나고 결국은 호경기로 돌아서게 됩니다.

우리는 어떠한 불경기도 곧 호경기로 바뀔 것을 그동안의 경험상 알고 있기 때문입니다. 심지어 전쟁 상황에 더 돈을 버는 기업과 사람들도 있습니다.

마지막 이유는 돌발적인 외부 요인이 너무 많아서입니다.

제1차 세계대전이 그렇게 작은 사건으로 벌어질 줄 누가 알았겠습니까?

일본이 거대한 미국을 기습하여 전쟁을 일으킬지 누가 알았겠습니까?

전 세계 경제를 쥐고 흔들던 일본 경제를 미국이 금리와 환율로 순식간에 얼어붙게 만들 줄 누가 알았겠습니까?

거의 망해 가는 중국을 미국이 개방시켜 세계의 공장이 되었고 이제는 미국을 앞서려고 할 줄 누가 알았겠습니까?

88올림픽 이후 아시아의 용으로 등장한 한국, 곧 일본을 따라잡을 듯하다가 갑자기 IMF 사태로 많은 기업이 부도되는 것은 물론 영원히 안 망할 것 같던 은행도 망하는 사태를 누가 예상했겠습니까?

911 테러로 미국경제의 심장부인 뉴욕이 순식간에 박살이 날 줄 누가 알았겠습니까?

우크라이나가 러시아와의 전쟁을 이렇게 오래 끌고 갈지 누가 알았겠습니까?

이 책을 쓰고 있는 2023년 10월 갑자기 팔레스타인 하마스와 이스라엘이 전쟁을 시작할 것을 누가 알겠습니까?

아무도 몰랐습니다.

세계 경제를 모두 망가뜨릴 수 있는 전쟁이나 대공황, 오일 쇼크 같은 것을 예상했던 경제학자는 없었습니다.

이 모든 돌발 사항을 어떻게 예측해서 경제 전망을 한단 말입니까?

불가능합니다.

그래서 저는 TV에 경제 전망을 하는 전문가가 나오면 속으로 비웃습니다. 요즘은 유튜버들도 그렇게 경제 전망을 합니다.

빌딩을 찾기 전 좋은 공인중개사부터 찾기를

그들이 제일 많이 하는 말은 "아마도 올해 말부터는, 아마도 내년 초부터는"입니다.

모두 한 귀로 듣고 한 귀로 흘려 버리시기 바랍니다.

경제 전망을 찾아보기보다는,

'내 뒤에 얼마나 줄을 길게 서 있나?' 돌아보시기 바랍니다. 이것이 가격을 버티게 하는 원인이 되는 것이고 경제의 기본입니다.

오직 맞는 것 하나는 '어떤 경제 전망도 틀리다'입니다.

그리고 인간의 본능에 대해 더 많이 생각해 보시기 바랍니다.

인간의 본능을 알면 인간이 어떻게 움직일지 알 수 있습니다.

경제학을 공부하기보다 인간의 진화론, 인간의 심리학을 공부하는 것이 더 경제 예측을 잘할 수 있는 바탕이 될 것입니다.

기회가 된다면 이 주제로 꼭 책을 한 권 완성할 예정입니다.

41. 호재는 도시기본계획에 다 있다

공인중개사 시험 공부를 할 때 제일 공부하기 힘든 과목이 공법이었습니다.

일단 범위가 상당히 넓습니다. 1945년 대한민국 건국부터 지금까지 공법은 끊임없이 바뀌었습니다.

그럴 수밖에 없었던 이유가 본인의 재산권 행사와 국가의 균형 발전 계획 사이에서 끊임없이 분쟁이 발생하게 되고 그것을 계속 법으로 개정하다 보니 누더기처럼 덕지덕지 어지럽게 되어 버렸습니다.

더군다나 재건축, 재개발 시 법의 테두리가 정해지지 않으면 조합장과 조합원 사이에 무수한 분쟁이 생길 수밖에 없는 구조이기 때문에 그 분쟁을 하나하나 해결하려고 법을 만들다 보니 조합법만 해도 4개입니다. 앞으로도 계속 개정될 것입니다.

이렇게 논리적이지도 않고 체계적이지도 않은 법을 외우고 시험까지 봐야 하는 수험생 입장에서는 힘들 수밖에 없는 과목입니다.

절대적으로 시간이 없었던 저는 시험 공부할 때 학원 교수님이 이번 해에 나올 것이라는 부문만 공부하였습니다. 도저히 4개월 안에 공법 과목의 전 부분을 공부할 수 없었기 때문입니다.

이렇듯 시험 볼 때는 공법을 최소한으로 공부하였지만 공인중개사로 근무하니 **공법이 부동산 투자 시에 제일 중요하다는 것을 알게 되었습니다.**

일단 지역, 지구제에 따라 부동산 가치는 전혀 다르게 보입니다.

1종, 2종의 차이가 이렇게 큰 것인지 현업에 와서 알게 되었습니다.

지구단위계획의 개념도 확실하게 알아야 합니다.

각종 공법 규제가 지자체별로 계속 생겨서 그때그때 계속 확인해야 합니다.

얼마 전 지구단위계획 중에 결합 토지 규제가 새로 생겨 시장에 나온 매도 물건만 매수하여서는 아무것도 못 하는 토지가 되어 계약에 성공하지 못한 경우도 있었습니다.

'호재는 도시기본계획에 다 있다.'라는 것을 연남동을 예를 들어 보면 지금의 연남동이 전 세계인들의 연트럴 파크가 된 것은 2010년 서울시 도시기본계획에서 경의선 지하화를 발표할 때부터 이미 뉴스를 통해 모든 사람이 알고 있던 사실입니다.

하지만 그 공개된 정보를 어떻게 사용하느냐는 개인의 성향에 따라 달라질 것입니다.

어떤 이는 그런 정보를 봐도 그렇구나 하고 넘어가고 어떤 이는 직접 발품을 팔아 찾아가기도 하고 향후 어떻게 변할지 그 지역의 공인중개사에게 물어보기도 하며 부동산 투자의 기회를 엿볼 것입니다.

연남동도 발표 난 지 10년 동안 조용했습니다.
그러나 그때 움직였던 분들도 분명히 있습니다. 대부분의 투자가들은 연트럴 파크가 다 조성돼서야 움직였습니다. 이 둘의 차이는 엄청난 것입니다.

이제 호재가 있냐고 묻고 다니지 말기 바랍니다. 신문만 매일 봐도 TV 뉴스만 잘 들어도 다 알 수 있습니다.

좀 더 알고 싶으면 각 지자체의 공보 발표 사이트를 보면 더 자세히 알 수 있습니다.

참고로 서울은 서울 도시계획 포털[4]이라는 사이트에 들어가면 앞으로

---

4) 서울 도시계획 포털, https://urban.seoul.go.kr/view/html/m/PMNU2020000000

서울시가 어떤 방향으로 도시를 계획할지 쉽게 알 수 있습니다.

서울시의 상권 분석은 서울시 상권분석서비스[5]라는 사이트에서 쉽게 알 수 있게 정리해 놓았습니다.

재건축, 재개발은 정부에서 추진하는 것이 아니고 소유자들이 설립한 조합에서 추진하는 것이기 때문에 정확한 정보를 알기 힘듭니다. 이것은 조합을 직접 찾아가든지 해야 합니다.

지방은 공법이 더욱 중요합니다.

특정 필지에 건축물을 지을 수 있는지, 없는지 반드시 지자체를 찾아 확인해야 합니다.

옆집이 건축 허가가 났다고 당연히 우리 땅도 날 것이라고 속단하면 큰일 납니다. 지자체별로 정화조 총량제를 운영하는 곳도 있어서 그 용량이 다 찬 지역은 더 이상 건축 허가를 내주지 않기도 합니다.

공인중개사는 지역 전문가로서 이런 도시 개발 방향이나 조례로 바뀐 지구단위계획 등을 정확히 숙지하여야 하고, 매수자들도 적극적으로 정부 발표를 확인하고 그것을 이용하는 혜안을 키우시기 바랍니다.

---

5)   서울시 상권분석서비스, https://golmok.seoul.go.kr/main.do

42. 나의 잘못을 인정하는 용기

얼마 전 매도 상담 중 역시나 요즘 제일 이슈인 주택 계약 시 용도변경에 따른 양도세 부과 기준일에 대해 매도자에게 열심히 설명해 주고 있었습니다.

매도자는 내 말을 못 미더워하며 본인의 선배 중에 강남에서 30년간 세무사를 하는 아주 유명한 분이 있다며 직접 통화를 하라며 스피커폰을 켜 줬습니다.

제가 2022년 10월 21일 기재부에서 양도세 부과 기준일을 계약일에서 잔금일로 바꿨고 그 영향이 어마어마하다는 사실을 설명하였으나 그 세무사는 일단 화부터 냈습니다.

본인이 세무 협회 일도 하는데 그렇게 중요한 내용이라면 당연히 협회에서 공문이 왔을 거라며 말도 안 되는 소리라고 했습니다.

그분과의 논쟁이 의미 없기에 알겠다고 전화를 끊고 내용을 문자로 정리해서 보내주었습니다.

빌딩을 찾기 전 좋은 공인중개사부터 찾기를

10분 후 그분에게 문자가 왔습니다.

"죄송합니다. 제가 잘못 알았습니다."

그 문자를 본 매도인이 저에게 한마디 했습니다.

"내가 지금까지 수많은 공인중개사를 만나 봤지만 김 대표가 최고네요."

바로 그분에게 저의 신뢰도는 200% 상승했습니다.

사실 그 세무사는 저보다 세무의 훨씬 전문가이고 연세도 더 많을 것입니다. 그래도 그렇게 바로 본인의 실수를 인정하는 태도에 저는 감명받았습니다.

저도 당연히 실수하고 착각할 때가 있을 것입니다. 실수를 알았을 때 바로 인정하고 사과하는 태도는 분명히 그분에게 배울 점이었습니다.

한편으로 생각하면 30여 년을 세무사로 일하는 분도 기재부의 이번 일방적인 양도세 부과 기준일 변경을 모르고 있다는 사실입니다.

이 사실을 좀 더 알리는 데 노력해야 한다고 결심하는 한편 이번 법령 해석을 반드시 바로잡아야겠다고 생각했습니다.

다시 한번 얘기하는 것이지만 이런 일에 노력하는 것이 전문가로서 공인중개사가 반드시 해야 할 일이라고 생각합니다.

43. 매매 전문 앱의 장단점

부동산 매도 물건을 찾는 매수자분들. 여러분은 물건을 찾기 위해 어떤 앱을 이용합니까?

이번에는 공인중개사의 눈으로 본 매매 전문 앱에 대해 설명해 드리겠습니다.

먼저 대한민국 국민이라면 모두 알고 있는 네이버 부동산입니다.

네이버 부동산의 장점은 누구나 알고 있고, 접근이 쉽다는 것입니다. 공인중개사가 광고 시 장점은 일단 저렴합니다.

물건 하나의 한 달 광고비가 2023년 기준으로 1,900원입니다. 그리고 워낙 많은 사람들이 사용하기 때문에 매수자들에게 노출이 많이 됩니다.

하지만 매매 시 네이버 부동산의 단점은 많습니다.

일단 다른 부동산 매매 전문 앱과 다르게 주소가 정확히 보이지 않습니다.

빌딩을 찾기 전 좋은 공인중개사부터 찾기를

몇 년 전에는 광고 시 매물의 주소를 정확히 명기하지 않아도 됐습니다. 공인중개사들끼리 물건을 뺏고 뺏긴다는 이상한 이유에서였습니다. 그러다 보니 허위 물건 광고가 엄청 많았습니다.

그래서 정부가 법을 바꾸었습니다.

이제는 광고 시 정확한 주소를 써야 합니다.

네이버는 이상하게도 그 규정을 아직도 정확히 지키지 않습니다. 하지만 지도를 확대하면 대강의 주소를 알 수는 있습니다.

또 다른 단점은 한 물건을 수십 명의 공인중개사들이 광고할 수 있다는 것입니다.

이렇게 되면 가격도 뒤죽박죽이고 매수자 입장에서는 누구에게 전화를 해야 할지 난감해집니다.

또한 네이버 부동산은 월세, 전세, 매매를 한 화면에 모두 넣었기에 매매 물건 광고에 특화되지 않았습니다.

매매는 실거래가 신고가와 같이 비교해야 할 때가 많은데 그걸 확인하려면 다른 사이트를 봐야 합니다. 그리고 다른 매매 전문 앱처럼 토지 사항, 건축물 대장 등을 바로 확인할 수 있는 서비스도 없습니다.

이건 약간 특이한 단점인데 매도자들은 네이버 부동산에 광고를 하면 싫어하는 경향이 있습니다.

뭔가 본인의 소중한 매도 물건이 싸구려처럼 보이나 봅니다.

이해가 되는 것이 월 20만 원의 원룸 월세 광고와 200억 매도 매물이 한 화면에 다 들어가 있으니 다른 곳의 광고는 괜찮지만 네이버 부동산 광고는 하지 말라는 요구를 많이 하십니다.

솔직히 네이버 부동산은 매매 시 그렇게 좋은 사이트는 아닙니다.

다음은 밸류맵입니다.

밸류맵이 만들어지고 얼마 안 돼서 저는 밸류맵 본사를 직접 찾아가기도 했습니다.
밸류맵을 처음 접하고 저는 열광적으로 좋아했습니다.

그동안 제대로 된 부동산 매매 전문 앱이 없었기 때문입니다. 다방, 직방 등은 임대차 위주로 만들어졌고 매매 전문은 네이버 부동산이 유일한 때였습니다.

밸류맵은 아예 처음부터 임대차 광고는 못 하게 설계되어 있습니다. 필지가 분리된 아파트, 구분 상가도 광고를 못 합니다. 오로지 대지가 있는 토지와 빌딩, 주택만 광고가 가능합니다.

빌딩을 찾기 전 좋은 공인중개사부터 찾기를

밸류맵의 가장 큰 장점은 일 물건, 일 공인중개사 광고입니다.

즉, 한 명의 공인중개사가 매도 광고를 하면 다른 공인중개사는 그 물건의 광고를 못 하는 것입니다.

이런 방식은 매수자에게 아주 좋은 방법입니다. 전속 중개는 아니지만 마치 전속 중개처럼 되기에 사용하는 공인중개사도 만족스럽습니다.

두 번째 장점은 화면이 굉장히 심플하다는 것입니다.

실거래가, 경매, 매물 버튼만 있어 온, 오프가 쉽습니다. 물건 상세 내역을 보면 공시지가, 실거래가, 토지 대장, 건축물 대장 등을 쉽게 확인할 수 있습니다.

AI를 이용하여 간단하게 건물의 가설계도 해 볼 수 있습니다. 매수자에게 너무나 좋은 앱입니다.

마지막 장점은 광고가 무료라는 것입니다. (지금은 유료입니다.)

밸류맵에 방문하여 제가 처음 물은 질문이 이것이었습니다.
"이렇게 훌륭한 앱을 만들고 무료로 광고를 하게 하니 어떻게 수익 구조를 만들 건가요?"였습니다.

밸류맵의 대답은

"일단 물건 확보가 우선입니다."였습니다.

뱁류맵의 바람대로 물건은 순식간에 늘어났습니다.
저도 한때는 뱁류맵에 250개 정도까지 광고를 했던 기억이 있습니다.

2022년부터는 제가 밸류맵의 홍대 임장 투어링을 맡았기에 밸류맵에 대한 애정은 더욱 커졌습니다.

밸류맵도 기업이고 당연히 수익이 있어야 하기에 무료 광고에서 중개 후 수수료 배분으로 변경되었습니다.

저는 그 당시 빌딩인이 밸류맵에 가장 수수료를 많이 내는 중개법인이 되겠다고 공표하였습니다. 그러나 저 말고 다른 공인중개사들은 그런 생각을 안 했나 봅니다.

밸류맵을 통해 매수자를 만나고 중개가 되어도 밸류맵에 안 알리고 수수료를 안 내는 사무실이 많았던 것 같습니다.

결국은 중개 후 수수료 분배 방식은 폐기되고 2023년 중반 현재는 네이버 부동산처럼 직접 광고비를 내는 것으로 바뀌었습니다. 한 물건당 한 달 광고비가 등급지별로 다르기는 하지만 A급지인 강남구, 용산구, 서초구, 마포구, 성동구, 송파구는 무려 45,000원입니다.

빌딩을 찾기 전 좋은 공인중개사부터 찾기를

그것도 원래는 150,000원인데 70% 할인한 가격입니다.

무시무시한 가격 책정입니다.
네이버 부동산의 1,900원에 비하면 20배가 넘는 금액입니다.

물론 밸류맵의 사정을 이해하지 못하는 것은 아니지만 이렇게 급격하게 광고비를 올리니 거의 대부분의 공인중개사들이 광고를 못 하게 되었습니다.

250개의 광고를 했던 저도 2023년 말 현재는 거의 못 하고 있습니다.
결국 밸류맵에는 이제 매도 물건이 거의 없습니다.

매수자들은 새로운 매도 물건이 계속 올라오지 않는 한은 모두 떠나갈 것입니다. 이것이 밸류맵의 가장 큰 단점입니다.

밸류맵이 새로운 광고 시스템으로 하루빨리 변하기를 바랍니다.
아직도 밸류맵을 애정하고 있는 공인중개사의 마음입니다.

마지막으로 디스코입니다.

디스코는 그동안 이야기는 많이 들었지만 거의 안 쓰고 있었습니다. 강남의 중개법인들만 쓰고 있다는 선입견이 있었습니다.

하지만 직접 써 보니 디스코만큼 매매를 전문으로 하는 공인중개사에게 필요한 앱은 아직까지는 없는 것 같습니다.

그래서 디스코에 무한한 애정을 가지고 있습니다.

디스코의 장점은 공인중개사가 매수 상담하기에 아주 좋다는 것입니다.

전에는 제가 구글맵에 빌딩인 물건을 전부 등록하여 그것을 보여 주면서 상담을 하였는데 디스코를 사용하면서부터는 매수 상담 시 디스코를 애용하고 있습니다.

그리고 물건 공유가 쉬워서 바로 매수자에게 물건을 보낼 수 있고, 매수자는 디스코 링크를 통해서 그 물건의 모든 정보를 확인할 수 있습니다.

매수자 입장에서는 어느 앱보다 많은 물건을 계속 확인할 수 있고, 디스코도 밸류맵과 마찬가지로 실거래가, 토지 대장, 건축물 대장, 등기부 등본까지 확인 가능합니다.

또 다른 장점은 비교적 저렴하다는 것입니다.

월정액 30만 원만 내면 무제한으로 광고가 가능합니다.
공개, 비공개 등록이 가능하므로 매수자에게 상담 시 비공개 물건도 보여 줄 수 있습니다.

빌딩을 찾기 전 좋은 공인중개사부터 찾기를

공인중개사만을 위한 장점도 있습니다.

대형 프랜차이즈와 MOU를 맺어 그들이 찾는 조건을 공인중개사가 확인할 수 있고 그로 인한 중개가 가능합니다.

단점은 네이버 부동산과 마찬가지로 한 물건에 여러 공인중개사의 광고가 가능하다는 점입니다.
이것은 디스코를 위해서는 어쩔 수 없을 것 같습니다.

앞으로도 디스코는 계속 발전하리라고 봅니다.

얼마 전 디스코 CEO, 공인중개사들과 화상 회의를 한 적이 있습니다.
그 회의를 통해 디스코는 건전하고 공인중개사를 위한 회사라는 생각이 들었습니다. 앞으로도 그런 기조로 디스코를 운영하고 발전시키기를 바랍니다.

나머지 다방, 직방, 네모 등은 매매 전문 앱이 아니기에 이곳에 소개하지 않겠습니다.

매수자분들은 직접 부동산 매매 전문 앱을 사용하시면서 각각의 장단점을 파악하여 본인에게 맞는 앱을 사용하시기 바랍니다.

44. 대출 80%의 비밀

공인중개사로 일하기 전, 현장소장으로 저의 몸과 마음을 갈아 넣으며 일하던 때는 부동산 투자에 전혀 관심이 없었습니다.

그리고 게스트 하우스 호스트로 일하던 때는 그냥 하루하루를 행복하게 보내는 데 만족했습니다.

제가 살 주택 한 채면 충분하다고 생각했고 부동산은 죽을 때까지 팔지 않는 것이라고 생각했었습니다.

그러다 부동산 중개업을 하는 공인중개사가 된 후 저의 가치관이 바뀌었습니다.

대출 80%의 비밀을 알게 된 때부터입니다.

공인중개사가 되기 전에는 부동산 투자의 기본인 80% 대출을 이용하는 것에 전혀 신경도 안 쓰고 모르고 살고 있었습니다.

현업을 하며 그런 사례를 직접 목격하고 접하다 보니 저의 생각도 변하

빌딩을 찾기 전 좋은 공인중개사부터 찾기를

게 되었습니다.

경매로 10억 미만에 빌딩을 낙찰 받은 분이 있었습니다.

경매는 90%까지 대출이 되니 이분의 실투자액은 1억 원 정도였습니다. 그 건물을 저를 통해서 1년 후에 30억이 넘게 매도하였습니다.

이런 분도 있었습니다. 처음 저에게 오셨을 때, "이렇게 적은 돈으로도 빌딩을 살 수 있을까요?"라고 조심스럽게 물어보던 매수자가 80%의 비밀을 알게 되어 매수를 하고 얼마 후 큰 시세 차익을 보고 매도에 성공하여 더 큰 물건을 찾는 경우를 보게 되었습니다.

이런 사례를 계속 보다 보니, '아, 부동산 투자는 큰돈으로 시작하는 것이 아니구나. 처음에는 소자본으로 시작해서 계속 키울 수 있는 것이구나.'라는 사실을 깨닫게 되었습니다.

물론 본인 살 주택이라면 전혀 다른 얘기가 됩니다.

아파트 10억 원짜리를 분양 받고 대출을 80% 받았다고 치면 매달 8억에 대한 이자를 갚아야 합니다. 연 5%로 치면 팔 때까지 한 달에 330만 원씩 갚아야 합니다.

근린 상가 투자는 전혀 다릅니다.

똑같이 10억짜리 빌딩을 샀다면 이 경우도 대출 이자를 330만 원씩 갚아야 하지만 주택과 다르게 임차인이 있습니다.

사용 수익으로 충분히 대출 이자를 감당할 수 있고 향후 매도 시 시세 차익을 크게 볼 수 있는 것입니다.

아파트 월세 330만 원짜리에 산다고 생각해 보십시오.
엄청난 손해입니다.

제가 계속 젊은 청년들에게 아파트 한 채에 올인하지 말라고 하는 이유가 여기 있습니다.

아파트 대출 이자를 매월 330만 원씩 내며 사는 것보다 월세 200만 원인 아파트에 살며 가용 금액으로 근린 상가 투자를 하는 것이 훨씬 이득입니다.

작게 시작할 수 있습니다.
5억으로 시작해도 충분합니다.

5억에다 80%의 대출을 일으키면 최대 20억의 빌딩을 노려 볼 수도 있습니다.

빌딩을 찾기 전 좋은 공인중개사부터 찾기를

물론 이건 이론상 결과이고 보통은 15억 정도의 빌딩을 매수할 수 있습니다.

그렇게 매수 후 매도까지 성공한다면 아파트로써는 도저히 상상할 수 없는 큰돈을 벌게 되고 그 돈으로 다시 80%의 대출을 붙여 다음에는 더 큰 빌딩을 매수할 기회를 얻게 되는 것입니다.

처음 시작이 두렵기도 할 것입니다.
그래서 믿을 만한 공인중개사를 찾아서 두려움을 극복하고 모두들 멋지게 성공하시기 바랍니다.

빌딩을 찾기 전
좋은 **공인중개사**부터 찾기를

ⓒ 김경락, 2023

초판 1쇄 발행 2023년 12월 13일

지은이   김경락
펴낸이   이기봉
편집   좋은땅 편집팀
펴낸곳   도서출판 좋은땅
주소   서울특별시 마포구 양화로12길 26 지월드빌딩 (서교동 395-7)
전화   02)374-8616~7
팩스   02)374-8614
이메일   gworldbook@naver.com
홈페이지   www.g-world.co.kr

ISBN   979-11-388-2579-5 (03320)